コミュニケーションの教科書

Textbook of Communications

相手と心が通いあう3つの力

社員教育コンサルタント
朝倉千恵子

フォレスト出版

はじめに

「3つの力」を育てれば、コミュニケーション上手になれる！

本書をお手にとっていただき、ありがとうございます。

「もっと人間関係をよくしたい」
「自分の考えを上手く伝えられるようになりたい」

きっと、そんな気持ちでこの本を手にしていただいているのだと思います。

さっそくですが、ここで1つ質問です。

先輩に頼まれて作った書類ができあがり、確認してほしいとき、あなたはなんと言いますか？

A「この間の書類ができたので、見てください！」

B **「○○先輩、今少しお時間をいただけますか？　昨日頼まれた書類ができましたので、確認していただけないでしょうか」**

並べてみると、Bが何となくていねいでよさそうに見えます。

正しい頼み方はBです。Aに比べてBは、

「相手の都合を聞く」＋「依頼形」

となっており、**相手の心を開きやすい言い回し**になっているのです。

ビジネスパーソンのコミュニケーションでは、「相手の都合を聞く」のは当たり前のこと。何かをお願いしたいときは、ていねいに「依頼形」にするのも常識です。

コミュニケーションの上手な人は、こうした当たり前のことがちゃんとできています。逆にいえば、当たり前のことをバカにしないで1つ1つ覚え、できるようになると、コミュニケーションのスキルは驚くほど上がっていくのです。

就職活動で、企業が学生に求める条件の第1位で多く見られるのが、たいてい「コミュニケーション能力」です。コミュニケーション能力とは、ひと言で言えば、「人と上手に意思疎通を図ること」です。

本書では、コミュニケーション能力を構成する要素を、**「礼儀」をベースとした「関わる力」「聞く力」「伝える力」の3つに分けました。3つの力を伸ばすことで、コミュニケーション能力を相乗的に引き上げる**ことを目的にしています。

30歳を過ぎてやっと身に付けた「当たり前のこと」

なぜ、「礼儀」をベースにしているのか。

その理由をお伝えするために、私自身のお話をしたいと思います。

私は、年間7000人以上をトップビジネスマンパーソンに育て上げる、社員教育のプロです。

おかげさまで毎年リピーターとなってくださる企業もたくさんあります。

みなさんがよく耳にする上場企業も少なくありません。

ですが、ここにくるまでの人生には紆余曲折がありました。

23歳で結婚し、24歳、26歳で子どもを生みましたが、32歳のときに離婚。

生活力を身に付けるために証券ファイナンス会社で働きました。

当時の私は、自信がなくてオドオドビクビク。失敗を重

ね、クヨクヨしていました。そんな風ですから、人とのコミュニケーションも当然、上手くいきませんでした。

周囲の誰とでも上手く、自然に接している人を見ると、

「あの人は、人から好かれる性格。だから、みんなと上手くやっていけるんだ」

と思っていました。でも、ある人の言葉によってそれは大きな間違いであることに気づきました。

ある人とは、当時の上司です。その人から、こんなことを言われました。

「オドオドビクビクするな！」

「何があっても正々堂々としていろ！」

「失敗しても、クヨクヨするな」

そして、**表情や立ち居振る舞い、言葉遣い、礼儀・礼節の重要性を徹底的にたたき込んでくれました。**私は、社会人ならできて「当たり前のこと」を30歳過ぎてから学

びました。この**礼儀・礼節を身に付けたことで、私のコミュニケーション能力は圧倒的に伸びました。**

コミュニケーション能力を左右するのは、性格ではなく、礼儀・礼節。しかも、それは何歳からでも身に付けられるとわかったのです。

この瞬間から私の人生が大きく好転し始めました。

その後、再就職先で初めて経験した営業では、どんなお客様を訪問しても、一度も門前払いをされたことはありません。しかも、わずか3年でその会社のトップセールスパーソンになることができました。

トップになれた理由、それは礼儀・礼節をわきまえて、徹底的にこだわりをもって振る舞ったからにほかなりません。

礼儀は生きる力であり、相手に対する思いやり、優しさを形にしたものです。

礼儀正しい人を人は嫌わないのです。

コミュニケーションも当然上手くいくようになります。

気をつけなければならないのは、自分が礼儀正しく接していると思っても、相手に伝わっているかどうかはわからない、ということです。

コミュニケーションで大事なのは、「伝える」ことではなく、相手に「伝わる」ことなのです。

あなたの能力を開花させる「コミュニケーション」

最近の20代のビジネスパーソンは「ゆとり世代」とか、「さとり世代」と言われて育っています。世間では、少し頼りないとか、弱々しいと見られ、自身も実際に会社に入ると、「自分には向いていない」「自分には合っていない」と

いって、1、2年で辞めてしまうケースも少なくありません。非常にもったいないことです。

なぜなら、私が見る限り、若い人たちは、無限の可能性とものすごい能力を秘めているからです。

ただ、当たり前のことを教わる機会がなかったから、実力を発揮できず、途中であきらめてしまっているのです。

当たり前のことを教えてこなかったのは、年長者である私たちの責任でもあります。口うるさいと思われるかもしれませんが、本書では、**私があなたの教育係としてしっかりと大人の礼儀・礼節、コミュニケーションの基本を伝えていきたい**と思います。

そのために、**実際に成功に結びついた「伝わる」コミュニケーションの基本や、事例だけを選りすぐって集めました。**すぐに使えるものばかりです。

コミュニケーションに悩んだとき、いつでも原点に立ち戻って確認できる〝教科

書〟としてそばに置いてください。

それによって、あなたの本来の能力が発揮できると信じています。

人生を左右するのは、もって生まれた力も確かにあります。ですが、仮にどんなにすてきな宝石の原石であっても、磨かなければただの石です。逆に、どんな石であろうと、**一生懸命磨けば光ります。**私は、自分は道端に落ちている石という自覚があって、だからこそ一生懸命磨こうと努力し、ここまでやってきました。

あなたにもできます。本書で自分を磨き、ぜひ、能力を開花させてください。やれば必ずできます。私が保証します。

朝倉千恵子

Part 1・関わる力

Part 2・聞く力

Part 3・伝える力

Part 1・関わる力

01 人見知りは「姿勢」でなおる

「私はあがり性で、人見知り。だから、コミュニケーションが上手く取れないんです」とビジネスパーソンから相談を受けたことがあります。

人見知りの人が、上手くコミュニケーションを取るためにするべきことは、性格を変えることではありません。コミュニケーションは、**表現のあり方次第**なのです。

今、苦手だと感じている人でも、コミュニケーション能力をアップできる簡単な方法があります。カタチから入っていくことです。ポイントは次の2つです。

①姿勢や態度を変える

②自分から話しかける

姿勢を変えるだけでイメージが激変

あがり性や人見知りなど、「人とコミュニケーションを取るのが得意じゃない」という人の多くは、相手の目を見ることが苦手です。

また、背中を丸めて、少し上目遣いで、自信がなさそうに振る舞っている人が多いのも特徴です。すると、**自信のなさだけがクローズアップされてしまいます。**

人は、相手に対して「とっつきにくいな」「笑顔がない」「目を見てくれない」など、「感じ悪いな」と思ったら、好感をもってはくれません。不快だと思った瞬間に、心を閉ざしてしまうのです。

胸を張って相手の目を見てハキハキ話しているのと、背中を丸めて目を見ずにボソボソと話すのとでは、相手に与える印象が大きく変わります。

鏡の前で試してみてください。一目瞭然《りょうぜん》です。

人柄や人間性は変えられません。でも、見た目の印象を変えるのはいたって簡単。

私は「見た目を変えずに、どうやって内面を変えるの？」とすら思っています。
だからこそ、カタチ（＝姿勢）を変えていきましょう。

相手が心を許すのは次のような姿勢です。

まずは、椅子の半分の位置に座り、腰骨をピシッと立てて背筋を伸ばします。肩を上げてから後ろ側にグッとそらして下ろします。そして相手の目を見て、相槌《あいづち》を打ちながら、上半身を前に倒します。

アゴは上げずに顔ごと相手を見ながら、敬《うやま》う目線で聞きます。この目線で接してくる人に対して、人は厳しく対応しにくい傾向があります。

相手があがり性の場合…

相手があがり性で会話が続かない場合、相手との絆《きずな》を深めるためには、**自分から真《しん》摯《し》に相手に話しかけます**。姿勢正しく、真摯な態度で、話しかけてくる人に対して、アゴは上げずに"敬《うやま》い目線"で！
背筋を伸ばし、上半身は前のめりで
相手の話を聞こう！

失礼な態度を取る人はほとんどいません。

相手が目線を合わせてくれなかったとしても、自分から語りかけ、声掛けをすることで、相手の心を開くための努力をします。真摯な思いが伝われば、相手は受け入れてくれるはずです。相手が心を開いた状態になったとき、初めていろいろな本音や本心が出てきます。そして人間関係が良好になっていくのです。

人見知りはカタチ（＝姿勢・態度）を変えてカバーする。

02 初対面の緊張は「演出」で切り抜ける

初対面の人に会うときは、誰でも緊張します。

私もそうです。緊張して手足が震えたり、ひどいときには唇までしびれた感覚になることがあります。でも、周囲の方がそれを感じることはなく、逆に「度胸がある」「緊張しているようには見えない」と言われるのです。

なぜそう感じていただけいるのか……。私はたとえ手足が震えていても、背筋を伸ばして胸を張っています。**緊張を隠すために、堂々と振る舞おうと意識しているから**です。それは、「**自分の内側にある緊張感を相手に見せたところで何の得にもならない**。むしろ、**心と違う自分を『演出』し、堂々としているように見せると、相手からいい評価を受けられる**」ということに気づいたからです。

目から入る情報で印象が決まる

人は第一印象の多くを「見た目」で判断をします。「見た目」といっても、生まれもった容姿のことではありません。態度や表情といった、誰もが自ら演出できる振る舞いのことです。

「よし、今日は、胸を張って、ゆっくりと、落ち着いて話そう」。自分で決めて、そう「演出」すれば、相手に「この人は落ち着いているな」「堂々としているな」という印象を芽生えさせることができます。

アメリカの非言語コミュニケーションの権威、アルバート・メラビアン博士によれば、第一印象を決定する要素の8割以上は、表情などの視覚情報と、声のトーンなどの聴覚情報だと言われています。

人は、その人の外見や、話し方、振る舞いなど、目や耳から入ってくる情報で、「こういうタイプだろうな」と相手を定義づけていきます。

つまりは、**人は、見たまま聞いたままのあなたを評価しているのです。**

たとえ本当の自分は自信がなくて引っこみ思案であったとしても、他人にはわかりません。だからこそ、**ネガティブな自分は出さなければいい**のです。

むしろ、出していては、ビジネスの世界では通用しません。自信がなかったり、引っ込み思案であるなら、それを見せないように意識する努力をしましょう。

2つの顔を使いこなせ

コミュニケーション能力の向上には、2つの顔を使い分けることが肝心です。

1つは**「笑顔」**です。笑顔がすてきな人には、誰もが好感をもちます。

もう1つは、**キリッとした「真剣な顔」**。誠実さを表す表情です。いつもヘラヘラしている人とは、真剣なつきあいをしたいとは誰も思わないものです。だからこそ、ここぞというときは「真剣な顔」を作る必要があるのです。

この2つの顔をタイミングよくメリハリをつけて出していくことができれば、コミュニケーション能力は格段にアップします。

ビジネスシーンで言えば、初対面で最初に挨拶《あいさつ》を交わすときは、やはり感じのよい「笑顔」がいいでしょう。ですが、クロージングなどの真面目《まじめ》な場では「真剣な顔」で臨みます。間違っても、笑ったりヘラヘラしたりしてはいけません。**特に金銭の話をするときは、真剣な顔をしていなければ、信用されず、きちんと話をまとめることができなくなります。**

「人は見た目」が勝負。
緊張していても、堂々と振る舞う「演出」を心がけよう。

デキる人は
2つの顔を使いこなす!
¥
真剣…。

03 誰とでも上手くつきあえるヒミツ

コミュニケーションで一番大切なもの、それは「礼儀正しさ」です。**「礼儀正しさ」が身に付いていれば、たいていの人と上手くつきあえます。**私は、**礼儀正しい人であれば、「また会いたい」と思います。**礼儀正しく話を聞いてくれる人には、「話をしたい」と思います。礼儀正しく話す人には、耳を傾けたくなります。その一方、礼儀知らずの人だったら？　「また会いたい」とは思いません。あなたもそうではありませんか？

必ず成果が出る「ABCD法則」とは？

仕事には積極性や厚かましさが必要です。積極的にやらなければ、仕事は取れません。トップセールスとして営業をしていたとき、私も厚かましいくらいにお客様にアポイントを取ったり、面談に伺ったりしました。ですが、**「厚かましい」と言われたことはありません。なぜなら、礼儀正しく積極的に振る舞ったから**です。

「積極性」に「礼儀正しさ」が加わると、「熱心ね」「一生懸命ね」「親しみやすいね」と言われます。しかし、「積極性」に「礼儀正しさ」とは逆の「おごりたかぶった」態度が加わると、「しつこい」「ずうずうしい」「馴《な》れ馴れしい」と言われてしまう。

それだけ、「礼儀正しさ」は重要であり、**「礼儀正しさ」こそが、本書のテーマ「関わる力」「聞く力」「伝える力」の軸**と言えるのです。

では、「礼儀正しさ」とは何か。

・挨拶

・言葉遣い
・服装、身だしなみ
・順序・席順
・姿勢・態度

この5つができてはじめて「礼儀正しい」と言えます。

ビジネスパーソンとして礼儀は基本。できて当たり前のことです。ですが、残念なことにできている人はとても少ない。だからこそ、ちゃんとできるようになると、ほかのビジネスパーソンとの差がぐーんとつくようになるのです。

コミュニケーション能力もしかり。礼儀正しい振る舞いができるようになると、人とのつきあいも円滑にできるようになります。

デキるビジネスパーソンの成功法則に「ＡＢＣＤ法則」というのがあります。

「（A）当たり前のことを（B）バカにしないで（C）ちゃんとやる。それが（D）デキる人である」

私が主宰する「トップセールスレディ育成塾」や企業研修でも、教えている基本は同じです。**ビジネスパーソンとしてできて当たり前のことを徹底して実践**していただきます。

実際に企業研修では目に見える結果がたくさん出ています。私の研修では、私が実践して成果が上がったことだけをやっていただくので、結果につながるのは当然です。

何をやっているのかというと、まさに「礼儀」に直結すること。挨拶、お辞儀、名刺交換などの基本的な立ち居振る舞いに関するものです。

「問いかけられたら『はい』と返事をする」

「背筋を伸ばして椅子に座る」

1つ1つちゃんと意識してやれば、誰でも身に付けられます。

当たり前の礼儀正しい振る舞いを身に付けることで、コミュニケーション能力がぐーんとアップする。

04 なぜ、あの人は好かれるのか？

10人いたら10人に好かれる。コミュニケーション能力を極めるのなら、そういう人になりたいものです。実際に、どこに行っても歓迎され、喜ばれる人はいます。

たとえば、飲み屋さんでも、「あんなお客さんだったら、また来てほしい」と思われる人もいれば、同じくらいお金を使っているのに、「あんな人には、二度と来てほしくない」と思われてしまう人もいるのです。

「人間性」が露《あら》わになる瞬間

違いは、表情・振る舞い・言動・態度・飲み方・食べ方・お店の人に対する接し方です。**トータルで言えば「人間力」**です。

企業のトップであれば、肩書によって、人がついていく場合もあります。会社にいた頃は、部下がよく家に遊びに来たけれど、退職した途端、ピタリと誰も来なくなってしまった。これは、残念なことです。

本当に人間力のある人は、会社を定年退職して肩書がなくなっても多くの人から慕われています。

どうすれば、人間力が身に付くか。**礼儀礼節を守り、日々、どんな人に対しても態度を変えないでつきあう努力をする**ことです。

いろいろな方とお会いして、**本当に人間力があると思う方は、肩書・地位・性別・年齢などに関係なく、すべての方と平等に接しています**。特に弱い立場の人に対する態度を見ているとわかります。

たとえば、タクシーの運転手さんからよくこんな話を聞きます。

タクシーに接待のお客様と一緒に2人で乗っているときは、

「いやいやいや、ありがとうございました。今後ともどうぞよろしくお願いします。本当にいい時間でした」

と平身低頭、非常にていねいなのですが、そのお客様が先に降りた途端、

「おい、行ってくれ」

とアゴで指示をするような人。このように突然豹変《ひょうへん》する人は少なくないようです。

人間ですから、完璧《かんぺき》な人などいません。ですが、**極端に相手によって態度を変えるような二面性は、なおさなければいけません。**肝心なときに逆をやってしまい、失敗することがあります。

それまで誰に対しても平等に振る舞えたのに、肩書をもった途端に突然偉そうに振る舞う人もいます。女性、男性関係ありません。人として大切なものが欠如しているのです。それでは、部下や立場の弱い人からはもちろん、「誰からも好かれる人」に

はなれません。

「人柄」と「コミュニケーション」は比例しない

勘違いしないでいただきたいのは、**人柄と人間性は違う**ということです。

人柄がいいからといって、必ずしも仕事ができて、人とのコミュニケーションが上手い、とは限りません。**人柄では自分を守れないのです。ビジネスの世界で自分を守る盾となるのは、礼儀であり、人間性です。**

1つ実例をご紹介します。自分の祖父母に対して、ものすごく優しく、思いやりのあるAさんがいました。だけど職場に行くと人間関係で失敗してしまいます。常に上司から疎《うと》んぜられてしまうのです。

上司は、彼を「恥ずかしくて外に出せない」と言います。理由は、伏し目がちで、声が小さく、何を言っているのかさっぱりわからない。さらには意欲ややる気も感じないからだそうです。礼儀は身を助ける。人柄だけでは身を助けられないのです。

礼儀・礼節は生きる力であり、やろうと思えば身に付けられること。人間性は生涯をかけて自分で磨きをかけていくものです。常に努力をし、自分を守れる、コミュニケーション上手を目指してください。

まとめ

相手によって態度を変えないようにする。
人柄と人間性は違う。生涯かけて人間力を磨き続けよう。

05 「立ってるだけ」で気に入られる

外見、「見た目」の第一印象で好感をもっていただくことはビジネスのコミュニケーションにおいて、とても重要です。初対面の連続である営業であれば、なおさらです。初めてのお客様に会った瞬間、見た目で不快に思われてしまったならば、もう後はありません。逆に好感を与えることができれば、その後の話が進めやすくなります。見た目の第一印象はその先の展開さえも左右してしまうと言っても過言ではないのです。

「外見がすべて」と言う人もいるほどです。

好感度の高い姿勢とは？

清潔感のある服を身に付け、正しい姿勢をすることで、好感を与える外見にすることができます。

「姿勢」という言葉は「姿」に「勢い」と書きます。「姿勢がよい」とは「姿に勢いがあってよい」という意味です。

体のちょっとした使い方を工夫するだけで「この人は私の話を一生懸命に聞いている」と伝わり、相手の目をしっかり見てうなずくことによって誠実さも伝わります。きちんとした姿勢、真剣な顔で臨むことによって「この人は誠実だ」と感じさせることができるのです。

どうすれば、好かれる外見、姿勢を保てるのか。

まずは、**「自分の外見をきれいに見せたい」「かっこよくしよう」という心をもつこと**です。そして、その思いをカタチに表しましょう。思いはカタチにしてはじめて、相手に伝わるのです。

次に基本姿勢を身に付けます。

実際にどのような姿勢が好感度を上げるか、具体的に説明していきます。鏡を見ながら何度も練習しましょう。

まずは基本姿勢です。

①気をつけの姿勢で、かかとをつけ、つま先は逆八の字にします。このときの角度は、男性は45～60度、女性は30～45度がもっともきれいだといわれています。

②腰に力を入れて、背筋をまっすぐに伸ばします。

③5本の指をぴったりとくっつけ、手をまっすぐに下げます。中指をズボンまたはスカートの縫い目に合わせます。

④アゴを少し引き、目線を下げずにまっすぐに前を見ます。

⑤そのまま肩を上げ、ぐっと後ろにそらして下ろします。

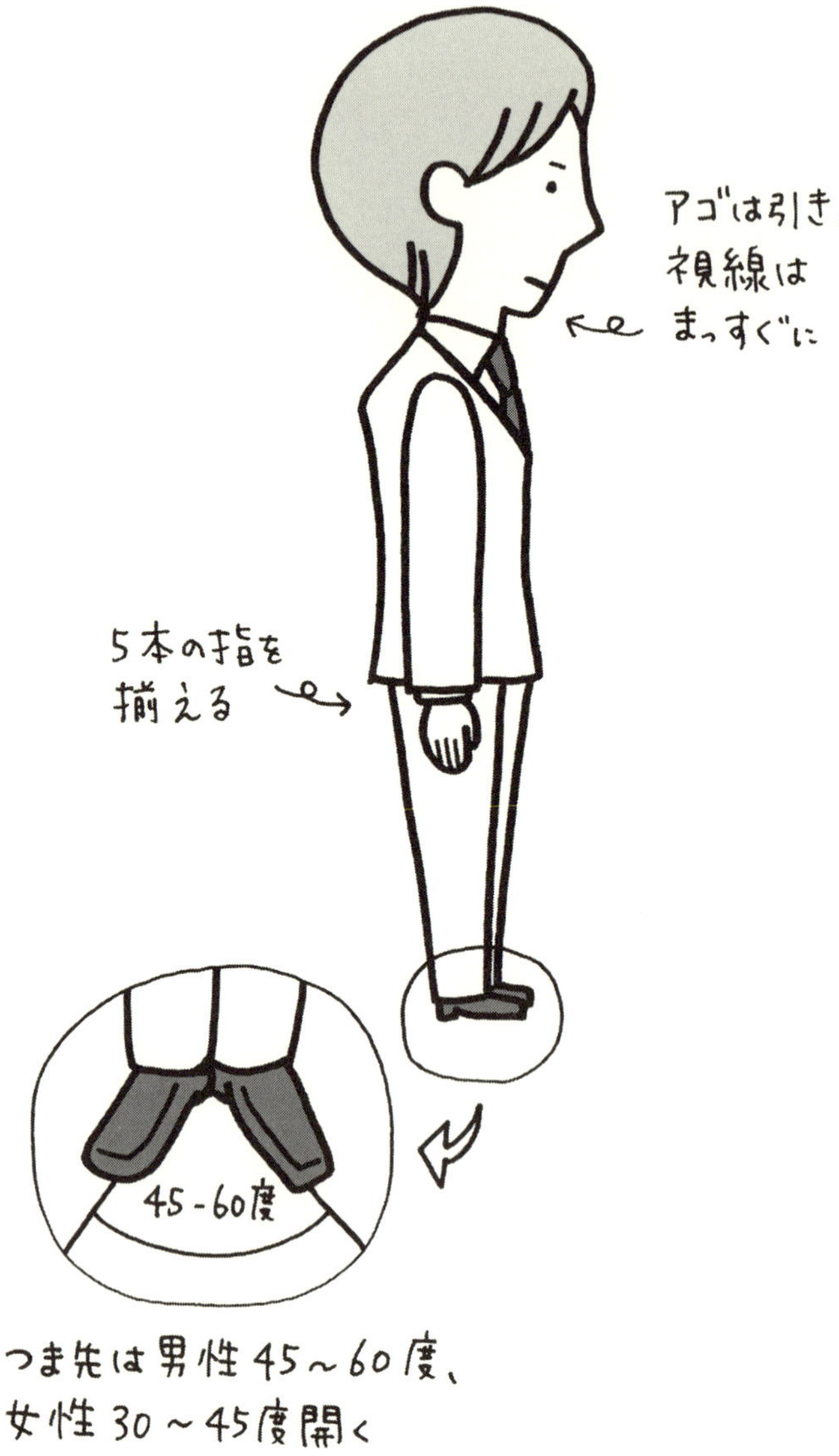
アゴは引き、
視線は
まっすぐに
5本の指を
揃える
45-60度
つま先は男性45～60度、
女性30～45度開く

まずは「自分の外見をきれいに見せたい」
「かっこよくしよう」という心をもとう。
思いをカタチに表そう。

06 「デキるやつ」と言わせるお辞儀

礼儀を表す1つの型として、「お辞儀」があります。わずか、2、3秒のことですが、このお辞儀がキマるだけで、デキるやつだと思ってもらうことができます。

ポイントは、頭のてっぺんから腰まで一切曲げずに、お尻を引いてお辞儀をすることです。

①自分の胸と背中に手の平をそれぞれあてます。
②背中にあてた手は思い切り開き、腰とお腹に気持ちを集中します。
③そのまま肩を上げて後ろにそらして下ろします。このとき、首が前に出ないようにして、あごだけ軽く引きます。

胸と背中に手をあてて
意識を集中させる
頭から
背中までは
まっすぐ
伸ばす
太ももやふくらはぎなど
脚の後ろがプルプル
するよう腰を折る
体が姿勢を覚えたら手をはずす!

④体を曲げずにお尻を後ろに引き、足の後ろ側が突っ張って痛いなと思うくらいまでにします。目線はつま先の1メートルほど先を見ます。ワン・ツー・スリーのタイミングで、1ですばやく腰を折り、2、3でゆっくりと体を上げます。

挨拶《あいさつ》を言い終ってからお辞儀をする

ときおり、「ありがとうございました」と言いながら、お辞儀をする人を見かけます。それでは、床に対して挨拶をしているようなもの。きちんと立って相手の顔を見て、「ありがとうございました」と言ってからお辞儀をしましょう。

お辞儀は角度によって名前がついています。シーンごとに使い分けましょう。

・会　釈……　角度は15度。上司と廊下で会ったときの挨拶に。
・敬　礼……角度は30度。名刺交換のときに。
・最敬礼……角度は45度。お客様に最初にご挨拶するときや去り際など、ビジネスシーンでもっともよく使う。

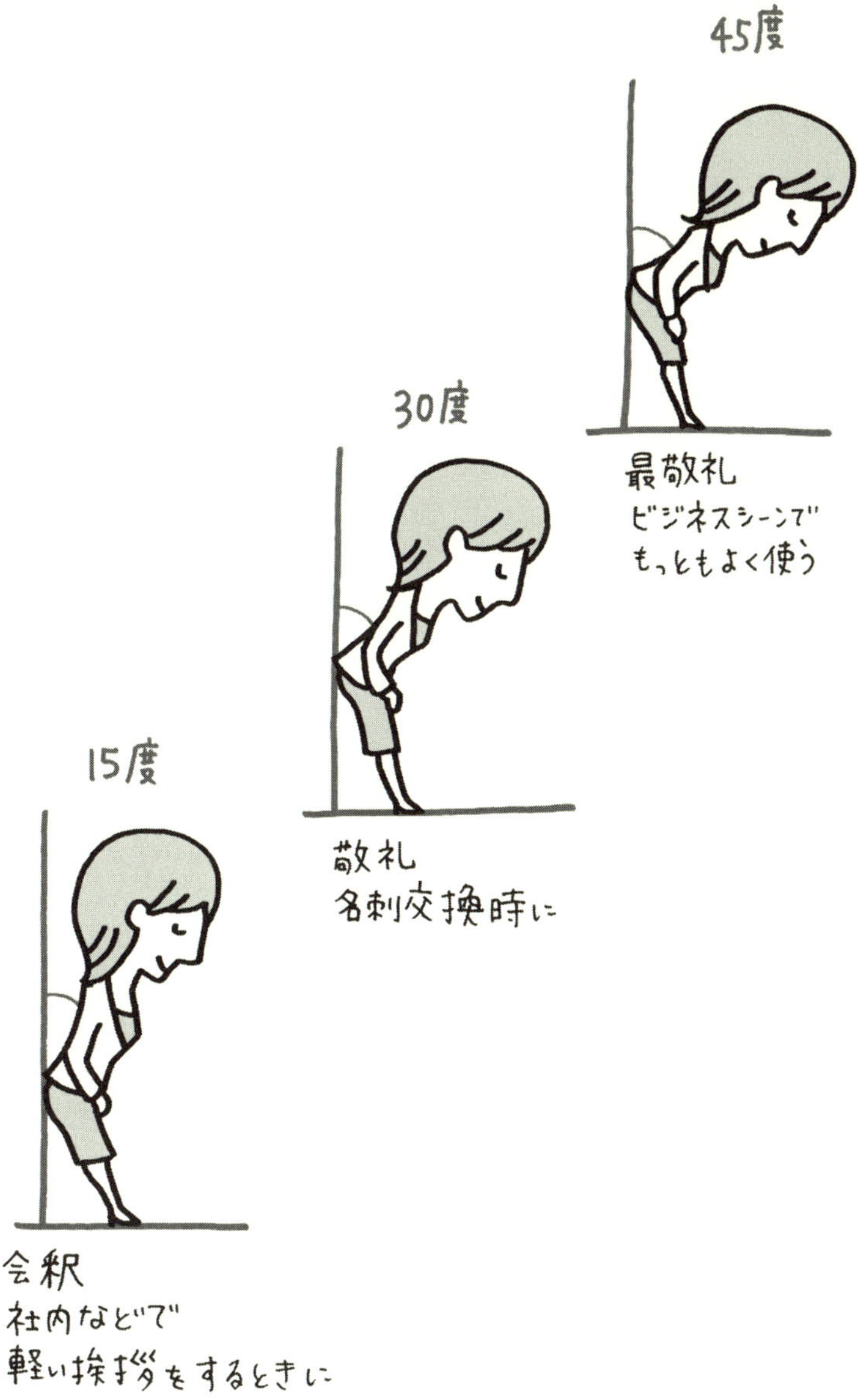
45度
最敬礼
ビジネスシーンで
もっともよく使う
30度
敬礼
名刺交換時に
15度
会釈
社内などで
軽い挨拶をするときに

07 「すばらしい」と思わせる美しい名刺交換

どのような種類のビジネスでも、日本でのほとんどの取引は名刺交換からはじまります。私も年間2、3000人の方と名刺交換をします。いろいろな立場の方がいらっしゃいますが、意外と正しい名刺交換のやり方を身に付けている人は少ないもの。だからこそちゃんとできれば、周囲に圧倒的な差をつけることができるのです。

名刺を渡す順番は、相手が複数の場合は、まず立場の上の人へ渡します。立場の下の人、あるいは訪問者側から先に名乗って渡すのがマナーです。こちらも複数の場合は上役同士から名刺交換をします。

イラストも参考にしながら、実際に繰り返し練習して、しっかりとマスターしましょう。
①まずは名刺を手際よく出す準備をしておきます。名刺入れの背のほうを相手に向けて、名刺入れの間に自分の名刺を挟んでおきます。数名の人と名刺交換をする場合は、できればその人数分の名刺を挟んでおきましょう。渡すときに、横から抜いて、そのまま差し出せるように、名刺の背側を下に、自分の名を相手が読める向きになるようにします。
②名刺入れは背を相手に向け両手で持ちながら、「はじめまして」と相手の目を見て挨拶をし、まずは一礼をします。
③相手の目を見ながら、「私、○○会社の△△と申します」と名前はフルネームで名乗り、自己紹介して、挟んであった名刺を横から取り出し、両手でもちます。このときに自分の名刺に目を向けます。
④会釈程度に頭を下げて、名刺を見て、相手に取ってもらいやすいように両手で差し出します。
⑤次に相手の名刺を両手で受け取ります。受け取った名刺は名刺入れの上に載せます。

ステップ1
名刺入れの間に名刺を
挟んでおく。
名刺の向きは背側を下に
ステップ2
相手の目を見て、
「はじめまして」と挨拶
その後 一礼
はじめまして
ステップ3
相手の目を見ながら、「私、○○会社の△△と申します」
とフルネームで名乗る
挟んであった名刺を横から取り出し両手でもつ

相手に取ってもらいやすい位置に両手で差し出す

相手の名刺を両手で受け取り、名刺入れの上に載せる

08 「ただものではない」と思わせる名刺交換上級テクニック

名刺交換の席では目下の者から名乗るのがルールです。が、ときとしてお互いに自分の名刺を差し出している場合があります。一般的には片手でほぼ同時に交換します。ここでは、さらにワンランク上の名刺交換をご紹介します。

①いったん自分の名刺を名刺入れの下に下げます。
②「お先に頂戴いたします」と相手の名刺を両手で受け取ります。
③受け取った名刺を名刺入れの上に載せます。
④下げた自分の名刺をもう一度取り出し、「改めまして□□会社の○○と申します」と、もう一度名刺を渡します。その際、受け取った名刺は名刺入れの上に載せた

自分の名刺は
いったん名刺入れの
下に下げる
相手の名刺を先に
頂戴し、名刺入れの
上に載せる
下げた自分の名刺を
渡す

ままにします。相手の名刺の上に自分の名刺を載せないよう注意しましょう。

名刺は「ご本人そのもの」

いただいた名刺はていねいに大事に扱います。「名刺はご本人そのもの」という考え方があるからです。何かを書き込んだり、手でもてあそんだりすることはご法度です。

名刺交換のあとに商談などをする場合には、机の上に置いておきます。

相手が複数の場合は、目の前に座っている順番に並べて置きます。相手の名前を覚えるのにも役立ちます。名刺入れは座布団という考え方がありますので、相手が1人だけの場合は、名刺入れの上にいただいた名刺を載せます。相手が2人の場合など、名刺入れの上に無理矢理名刺を2枚載せている方もいますが、これはマナー違反。2人以上の場合は、名刺入れの上には載せずに、横に並べて置き、名刺入れは手前に置くようにします。

複数の場合は
座っている順番に並べ
名刺入れは手前に置く
一枚であれば
名刺入れの上に置く

09 一瞬で人の心をつかむ方法

昔、ビジネスのコミュニケーションは「カンと経験と度胸で行け」と言われていました。でも、現在は、「感性を身に付ける」ことこそが大切だと思います。

つまり、**「カンと経験と度胸 ＋ 感性」**です。

まずは「あれ、ちょっと違う？」に気づくこと

感性とは、**相手が何を欲しているのか、何を求めているのだろうと感じ取っていく力のこと**です。また、**前回会ったときとの比較からくる違和感に気づくこと**でもあります。

これらを瞬時に読み取る力こそが感性です。違和感に気づくことができる人は、コミュニケーション能力を必ず伸ばしていけます。

「あ、前回会ったときと違うな」

「あれ、表情は前のほうが明るかったな、何かあったのかな」

「しばらく会わないうちにすごくいい顔になった」

などです。まったく見ていなければその変化に気づかないわけですから、よく観察して気づくようにすることが大事です。もし、「気づかない、感じないかも」と思ったならば、メモを残すことをおすすめします。

感性の高い人は、初対面でも人を引き付けることができます。

たとえば、お客様の会社の応接間に通されたときに、パッと全体を見回す。壁に掛けている絵や置いてある壺は、たいていはこだわりがあるからこそ置いてあります。もし、入り口にフクロウの置物があったとすれば、相手との挨拶が済んだあとに、

「フクロウ、お好きなんですか」

と言えば、

「あっ、気づきましたか。大好きなんですよ」

と一気に相手の表情が変わります。蘭の鉢が飾ってあれば、

「こちらの蘭、とてもイキイキとしていますね」と言ってみる。

「そうなんです。うちの部下が一生懸命育てているんですよ」

自分の社員のことを話してくれるということは、心を開いている状態です。

相手の会社に行ったときには、中に入った瞬間から、その会社や人のこだわりを瞬時に読み取るようにする。

コミュニケーションでは、この感性がすごくモノを言うのです。

デキる人は「変化に敏感」

オフィスのエアコンの室温調整を変えたとき、

「あれ、温度設定変わったね？」

と真っ先に気づくのは誰だと思いますか。たいていの会社では、経営トップです。

仕事のデキる人は変化にとても敏感です。

感性のあるリーダーは、社員の変化にも敏感に気づきます。

感性はもって生まれたものではあるのですが、自分で磨くこともできます。仮にどんなにすてきな宝石の原石であっても、磨かなければただの石。逆に、ただの道ばたの石ころであっても、一生懸命磨いていくと、いつしか本物の輝きが出てきます。

大切なのはやる気です。**感性を磨きたいのなら、相手の会社に行ったときに、意識的に心を研《と》ぎ澄ませて、パッと周りを観察するクセをつけます。周囲の人を見て、いつもと変わりがないか、考える習慣をつけます。**そのうちに、自然と感性が磨かれていきます。

感性を磨くのに終わりはありません。一生をかけて、磨き続けていきましょう。

これからは感性、つまり違和感に気づく心が大事。満足せずに感性を磨き続けていくことが、自分を成長させる。

10 かゆいところだけかけばいい

あるテレビ番組に、ホストクラブでナンバー1だという方が出演していました。誤解を恐れずに言うならば、あまり男前な方ではなく、モテるようなタイプには見えませんでした。

彼は司会者から「あなたはなぜナンバー1になれたのですか」と聞かれ、次のように答えていました。

「僕は、お客様をお姫様にすることができるんですよ。**秘訣《ひけつ》は、〝かゆいところだけをかくこと〟です。あっちもこっちもはかきません**」

デキる人はお客様の「かゆい」サインを見逃しません、と。

相手の「かゆい」サインを見逃さない

店に常連の女性がいつもと違う明るい声で「こんばんは！」と入ってきた。

デキるホストは、

「シャンパン抜いて。いいことあったでしょ。僕、ご馳走《ちそう》するから」

「えっ、何でわかんの？」

「だって顔に書いてあるよ」

お客様の心をわしづかみにするような会話です。自分のことを見ていてくれる、わかってくれていると思ったお客様は喜んで、この店に何度も足を運ぶでしょう。

ビジネスでも同じです。

相手のかゆいところだけをピンポイントでかいてあげることができれば、好かれますし、売りたい商品を売ることもできるのです。

たとえば、こちらがおすすめした商品について、お客様が、

「うわぁ、高いなー」

と言ったら、それは「興味があります」のサインです。興味がなければ言わない言葉です。つまり、「ちょっとかゆいな」と言っているのです。そんなときは、

「どちらの商品と比較してそう思われましたか?」

「いくらくらいのお値段が妥当だと思われますか?」

と質問してみるのです。

ところが、成果の出せない営業マンは、これができない。断り文句や反論だと思ってしまいます。

決め手を打てなくて、「いえ、高くないですよ」と言ってしまう。あるいは、「では、こちらの商品はいかがでしょうか?」と違う商品を出したりして、店を広げ過ぎてしまう。するともう収拾がつきません。

かゆくもないところを、あっちもこっちもかくことになります。相手はくすぐった

くなって逃げてしまうでしょう。

人と会うときは、一瞬たりとも手を抜かずに、相手をしっかり見て、相手のサインを感じ取るようにしましょう。今が、貴重な1回のチャンスです。

この瞬間に、相手が自分に会うことに価値を見出《みいだ》せなかったとしたら、「この人とまた会いたいな」とは思わない。そうなると、次はありません。

1回1回が、真剣勝負。一瞬一瞬に思いを込めて……。

相手に自分を好いてもらうためには、モノ以上に自分を売ることです。

自分を売り込み、相手に好かれれば、あなたの売る商品が変わっても買ってもらえるのです。

相手がしてほしいことをしてあげて、〝かゆいところだけをかく〟。貴重な1回のチャンスを真剣勝負ととらえ相手と会う。

11 取引先のハートは「情報」でつかむ

社会人になっておつきあいが増えると、お土産を持参する機会が増えます。

出張の帰りに社内の同僚に地元の銘菓を買うこともあれば、お客様に何か差し上げたいときもあるでしょう。**お土産は相手の立場や好み、シチュエーションに応じて選ぶようにします。**お酒好きなお客様なら、

「新潟に出張した際に、お土産にご当地特産の日本酒を買ってきました。○○さん、お酒がお好きだとうかがっていましたので……」

とお土産を渡せば、相手に「自分の好みを知ってくれていたんだ」「気にかけてくれているな」と思っていただくことができ、双方の関係もより円滑になるでしょう。

モノではなく「ネタ」で勝負

私も人にお目に掛かるとき、手土産に何かをもっていくことはよくあります。

ですが、アポイントを取ってお客様に会いに行く際に、何か商品を購入していくことはありません。ただし、ちょっとしたギフトはいつもおもちしました。

モノ以上に喜んでいただけて、相手とのコミュニケーションもさらによくなる、とっておきのギフトです。それは、**新しい「情報」です。**

私が毎回必ずもって行ったのは、相手にとって得になるような生の情報です。たとえば、「他社では○○といった施策をして、売上を200％上げました」といった他社の成功事例などです。売上が上がる方法は、ビジネスパーソンであれば、誰でも聞きたいわけですから喜ばれます。

ネタ話もよくもっていきました。1つご紹介しますので、あなたもぜひ、お客様にお話ししてみてください。

「部長、『あきらめるカマス』の話をさせていただいてもよろしいですか？

ある大学で行われた実験です。大きないけすに入れた数尾のカマスに、一定時間ごとにエサをあげていました。エサを入れると、カマスはものすごい勢いで食べます。

あるとき、意地悪をして、いけすをガラスの板で仕切りました。ガラスの向こう側にエサを入れると、カマスはわからないから、思い切りガラスに当たって痛い思いをします。何度も何度も体当たりしてエサを食べに行くのですが、まったくエサに届かず……。

そのうちに、カマスたちはエサを食べに行かなくなりました。ガラス板をはずしても、もう、決してエサを食べには行きません。

でも、もう一度、カマスにエサを食べさせる方法があるんです。答えは何だと思いますか？

正解は別の新しいカマスを入れることです。新しいカマスは先入観がありませんから、エサを食べに行きます。

するとそれを見ていたカマスは『あれ、大丈夫なんだ』と気づいて、後に続いてエサを食べに行くようになります。

これはマンネリ化した組織の象徴なんです。

マンネリを解消するには新しいカマスが必要ですよね。それは新入社員かもしれませんし、時には中途採用の社員かもしれません」

いつもこういった話をしますので、お客様からはよく、「朝倉さんが来ると必ず朝礼のネタが増える」「今日はどんな話をしてくれるの？」と言われていました。なかには「今度、朝倉さん、いつ来るの？」とおっしゃってくださる方もいました。

通常は、ビジネスの話をはじめる前にネタ話などで場の雰囲気を和《やわ》らげていましたが、時には面談の最後を次のように締めくくることもありました。

「部長、この話ってしましたか？　3歳の子どもがお母さんとバスに乗ったときの話」

「いや、知らないよ。どんな話？」

「わかりました。今日は、2つもネタをお伝えしましたので、次回にします」

「えっ、教えてくれないの？」

「次はいつ頃でしたらお時間をいただけますか？」


こうして互いに笑顔で次回のアポイントにつなげることもできました。**お客様にとって得になる情報こそ、最高のギフトです。**それによって、お客様の心を開き、お客様との信頼関係をさらに深くすることができるのです。

ビジネスシーンではお客様が喜ぶ情報こそが、最高のお土産となる。

情報

12 優秀なビジネスパーソンほど「情報通」

前項でご紹介したネタ話は、ほんの一例です。営業時代は、飲み仲間やお客様から聞いた話をたくさんストックしていました。保険会社が毎年募集し、優秀作品を公表している**「サラリーマン川柳」も、いくつも手帳にメモしていました。**

みなさんも**「おもしろそうだな」「使えそうだな」と思ったネタは、必ずメモしてストックし、お話しできるようにしておきましょう。**そのなかで取捨選択をして、お客様に応じて「役に立ちそうなネタ話」を披露するようにします。

ポイントはただの世間話ではなく、「役に立ちそうな」ネタであること。「あきらめるカマス」の話のようなネタは、自社の課題を違う視点から見ることができるので、お客様にとって、新たな気づきになることも少なくありません。

「サラリーマン川柳」も「朝礼のスピーチネタ」として好評でした。

会う前に絶対に集めておきたい情報

お客様との信頼関係を作るために必要な情報は、ネタ話だけではありません。「自社の情報」「社会的な情報」「相手の情報」もきちんと押さえ、頭に入れておきましょう。今はありがたいことに、ネットで簡単に調べることもできます。例として、私がいつも最低限チェックしていた情報をあげておきます。

【自社の情報】 ⇓当然ながら、自分が販売する商品の知識はしっかり頭に入れておく

・自社の概要
・自社が販売する商品……研修

【社会的な情報】 ⇓自分が販売する商品がなぜ必要か、社会的な情報を頭に入れてお

く

・現在の経済情報……どこの会社も厳しい
・今の時期……新人社員採用時期
・関連情報……終身雇用は崩壊しつつある

【相手の情報】⇓ホームページなどをチェックして、事前に調べておく
・会社の概要
・会社の雰囲気……活気があり、若い人が中心

気になったネタは必ずメモ

そのほかに次にあげる情報や知識をたくわえて覚えておくと、会話の幅が広がり、コミュニケーションの数が多くなるとともに、会話の幅が広がります。

【自社の情報】
□すでに購入されたお客様からの感想や声をリストアップ
□商品情報や使い方のアレンジ方法など

□上司や先輩の会話術

【社会的な情報】

□新聞やニュース番組は毎日チェック

□最近耳にしたおもしろい話や役立つ情報をメモ

【相手先の情報】

□会社全体の雰囲気や営業先の社員の情報をメモ

□担当者の特徴やタイプをメモ

ただ読むだけではなく、**気になったネタは必ずメモしておきましょう。**

ドイツの心理学者ヘルマン・エビングハウスによると、人は暗記したことでも1日後には、74％忘れてしまうそうです。

仕事に関する情報はできるだけ集め、メモし、頭に入れておく。

13 帰り際に忘れてはならないこと

営業でお客様先から帰るときには、必ず、次回のアポイントを取るようにします。初回訪問が上手くいったかどうかは、次の約束が取れたかどうかにかかっています。慣れない営業マンは、その場で約束をせず、帰ってから電話を入れます。すると、相手の心もすっかり冷めていますので、アポイントが取りづらくなります。電話を掛ければ、経費も余計にかかります。相手が席をはずしている場合だってありますから、また掛け直すとなると、時間も余計にかかります。

面談が終わったら、すぐにその場で、

「次回、他社での成功事例をおもちします。いつ頃でしたらお時間が取れますか？」

とアポイントを取りましょう。「鉄は熱いうちに打て」です。

アポなしで接触回数を倍増する方法

今はほとんどの方の名刺にメールアドレスがあります。私が営業をしていた頃は、**「あとでメールをお送りしてもよろしいですか？」**と聞き、「いいよ」と言われたら、相手のオフィスを出てすぐに、お礼のメールを送っていました。相手は、「おっ、約束通り、メールが来たな。仕事が早い」といい印象をもってくれます。電車に乗ったら、相手へのお礼状を手書きし、すぐに送っていました。

すると、次回の面談は2回目ですが、接触回数としては、初回面談、メール、お礼の手紙、2回目の面談の、合計4回目になります。

コミュニケーションを円滑にするには接触回数を増やすこと。接触回数が多いほど、お互いを知ることにつながります。

しかも、2回目の面談は、相手の「先日はメールやお手紙をありがとうございました」というお礼からはじまる。雰囲気よく、面談に入れるのです。

私の場合は、その後、2回目に成功事例をご紹介したり、資料を見ながら、その会社が抱える問題点に○をつけてもらいながら「見える化」して、3回目はその会社に合う企画を提案し、4回目で契約をいただくことがほとんどでした。

「私、何点ですか?」

もし、帰り際に2回目のアポイントを拒否されて「もう結構です」と断られてしまったならば、

「私の今回の営業は、点数をつけるとすると、100点満点中、何点でしょうか?」

と聞いてみましょう。

「30点」

1回目の訪問
○○株式会社
ありがとうございました
1回目
相手のオフィスを出て
すぐメールを送る
2回目
帰りの電車の中で
お礼状を書き投函する
3回目
2回目の訪問
○○株式会社
4回目

と言われたら、

「貴重なご意見ありがとうございます。次にご面談の機会をいただくときには、絶対にその倍以上の点数を取りますので、ぜひ、お会いしていただけませんか」

とお願いすればいいのです。

大切なのは、ひるまないこと。何もしなければ、2度目はないのですから、何かしら、アクションを起こすこと。行動あるのみです。

帰り際には必ず、次回の約束を取り付ける。断られてもひるまない。

14 「もう一度会いたい」と思わせるコツ

「この人と会って得したな」と思えば、相手はまたあなたに会ってくれます。

では、どんなときに、人は「得したな」と感じるのでしょう。
それは、「心地がいい」「会話が楽しい」「メリットがある」と思ったときです。

食事の前にこれだけは確認

相手に「心地よさ」を感じてもらうには、気遣い、配慮が大切です。
たとえば、私はよくお客様を食事にお誘いしますが、好きな食べ物を聞くのはもちろんですが、苦手な食べ物がないかも確認するようにしています。

「お寿司が好き」という人をお寿司屋さんに誘ったら、まずは、**「苦手な物がおありですか？」**と聞くようにします。

光り物が苦手だといえば、光り物以外で握ってもらいます。

コミュニケーションが不得意な人は、このひと言が言えない。

好きな女性を行きつけのお寿司屋さんに誘って、店主に、

「今日は何かいいネタ入っている？」

と聞いて、まずは店のおすすめのものを注文してしまったり、

「この店のシメサバは最高なんだよ」

と自分の好みを押し付けてしまいます。

人を食事に誘った以上は、店本位ではなく、自分本位でもなく、相手本位で考えるのが当たり前のことです。嫌いな食べ物が出てきたとしても、悪いと思って相手は食べてくれるかもしれません。でも、それでは「心地がいい」時間には決してなりません。ただ、苦痛な思い出だけが残ります。

すると、2回目のデートに誘われたとき、また行きたいと思うでしょうか。

気が利く人と気が利かない人、空気を読める人と読めない人の差は、相手を思うたったひと言の配慮なのです。

誘われたほうも、もし、光り物が嫌いだとすれば、「苦手なものありますか?」と聞かれたときに、

「光り物はあまり得意ではないのです」

とやんわりと断ります。相手は好きなのかもしれませんから、決して、

「どうも、あの生臭さが苦手で、食べる人の気が知れません」

などと言ってはいけません。誘われたほうも気遣いを忘れないようにします。

相手を得した気分にさせるには

「相手を得した気分にさせる」とは、相手のためになることを提供することです。

それが物や資料になることもあるでしょうし、楽しい会話やメッセージになることもあるでしょう。さまざまなパターンがあります。

相手がどんなものが好きなのか、どんな会話にのってくるのか、どんな会話を嫌うのか。話をしながら、相手の表情や声のトーンを感じて、読み取ることが大切です。ともに過ごした時間が楽しければ「また会いましょう」「今度いつ会えますか」と前向きになるもの。

プライベートでも仕事でも同じです。人とのコミュニケーションの場においては、今の時間に集中して、お互いを思いやりながら、お互いのメリットになるように時を過ごすようにしましょう。

相手のためになることを提供することが大事。
気遣いのひと言が「また会いたい」と思わせる。

15「飲めなくても行く」が○

「今晩、飲みに行かないか？」と上司に誘われたら行くほうが得策です。ご馳走してもらえるからではありません。**お酒の席はコミュニケーションが深まる場**だからです。

お酒の席は、オフィスとは異なる非日常の場。気分が開放的になりますので、本音や本心が出やすくなります。お酒の力を借りて、普段言い出せなかったことが言えたりするものです。職場では見えない相手の一面が見えたり、あるいは職場では見せない自分が見えたりして、お互いを深く知り合うことができるのです。

人生で大切なことはお酒の席で教わった

お酒の席は学びの場でもあります。私はネタになりそうな話や、仕事の情報をお酒の席でたくさん教えていただきました。それ以外にも、飲み方や食べ方、とりわけ方、振る舞い方、話の仕方……、**人生で大事なことのほぼすべてをお酒の席で教わったと言っても過言ではありません。**人間としての幅も広がりました。

嫌いな上司に誘われて、イヤイヤながら行ったことも一度や二度ではありません。それでも、やはり学びはありました。

体質的にお酒が飲めないのなら、無理してお酒を飲む必要はないのです。周囲の人も飲めない人に無理にすすめてはいけません。ウーロン茶でもOKなのです。

大切なのは、酔うことではなく、その場にいて、一緒に食べたり、飲んだり、会話をすること。会社以外のリラックスした場で、時間を共有することです。

お酒の席に誘われたら、可能な限り参加することをおすすめします。お客様と会う場合も、私は10回会うのならそのうちの1回は食事を、20回に1回は一緒にお酒を飲むようにしています。

とは言っても、「どうしても飲みに行きたくない」という人、「飲みに行きたくないとき」もあるでしょう。そんなときは、相手の気持ちを考えながら上手に断ります。「私はプライベートと仕事を分けているので、会社の飲み会には行きません」と言ってしまうのは、賢いビジネスパーソンとは言えません。

「お声掛けいただき、ありがとうございます。今日はすでに約束があります。申し訳ありません。また、お声掛けいただけますでしょうか」

と断るのもいいでしょう。ポイントは、お声を掛けてくれたことに、まずは感謝を伝えること。そして**上司に恥をかかせたり、怒らせたりしない断り方をする**ことです。

お酒の席の礼儀＝「人間力」

お酒の席では、場の雰囲気を察し、気配り・目配り・心配りをするようにしましょう。基本はお酒に飲まれないこと。ぐでんぐでんに酔っ払って醜態をさらしてしまうようでは、周囲に迷惑が掛かってしまい、本末転倒になってしまいます。本来お酒は楽しく飲むべきです。私は楽しくないお酒を飲んでいては、お酒の神様のバチがあたると思っています。

お酒の席での礼儀もいろいろあります。たとえば、

- **目上の人との乾杯のときに、相手より高くグラスを上げない。**
- **乾杯のグラスは目線より上げない。**
- **箸を上司やお客様より先に割らない。**

お酒の席での礼儀は人間力につながります。しっかり身につけておきましょう。

お酒の席はできるだけ顔を出すべし。
ただし、お酒に飲まれてはいけない。

16 コミュニケーション能力を上げる「たった1つ」のこと

SNSやPCメール、WEB会議など、デジタルツールでコミュニケーションを取る機会がどんどん増えています。いつでも、どこでも、連絡がつきますし、情報も得ることができるので非常に便利であることは事実です。

ただし、デジタルツールをいくら上手に使いこなせたとしても、コミュニケーション能力が劇的に上がるわけではありません。実際に人と人がふれあうことこそが、コミュニケーション能力を強化します。

相手を思い相手のために何ができるのかを考え、心を込めてこそ、真のコミュニケーションと言えるからです。

便利なツール（機器）は、時に「危機」を呼ぶことがあります。

メールはすぐに書き直しもでき、すぐに送れますが、その分一瞬で消すこともできます。手書きの手紙は切手を貼って送らなければなりません。手間がかかります。書くときに、間違えば、書き直しとなります。だから、1字1字心を込めて書きます。もらった人もそれを大切に取っておきます。

メールはうっかり送ることがありますが、手紙をうっかり送ることはありません。アナログのコミュニケーションは、必然的に心を育てるのです。

人は、目の前の人をスキャニングしている

人は、相手の視覚的な情報や言動を丹念に見て「この人であれば、自分の過去を語っても理解してくれるんじゃないか、共感してくれるんじゃないか」と思い、徐々に「この人はきっとわかってくれる。きっと自分の境遇を話しても嫌わないだろう」と確信を深めていくものです。

まるで**書類を読み取るスキャナーのように、目の前の人を理解しようとしているのです**。

しかし、デジタルツールでは、深く感じ取ることはできません。

視覚から入る情報（表情や目線、姿勢など）や、聴覚から入る情報（相手の言動、話し方や言葉遣いなど）、その人の雰囲気にかかわることなど、相手に関する情報が不足しているからかもしれません。

だから、**コミュニケーションを深めるには人と直接会う時間を増やすことが欠かせない**のです。

感じのいい人の共通点

人に与える印象として「この人、感じがいいな」「好印象だな」と思われる人には、共通のポイントがあります。

誰もができる、シンプルなことです。

・挨拶がしっかりできる
・笑顔の感じがいい
・返事がきちんとできる
・行動が常に敏速でキビキビしている
・相手の目をしっかり見てうなずいている
・声が大きくて明るい

などです。

こういうことを自ら理解して実践し、行動に移しているからこそ結果がついてきます。**当たり前のことをちゃんとやるかどうかが分かれ目**です。

そういう人こそが、「デキる人」と呼ばれるのだと思います。

人は、相手の表情や目線、姿勢など視覚的な情報や、挨拶などの言動を丹念に見て、印象を判断している。

17 ガミガミ怒る上司の攻略法

今、ガミガミ口うるさい上司は減っています。もし、ガミガミ言う上司が自分のそばにいたら「私はなんでこんなにツイているんだろう」と思ったほうがいいでしょう。**強運の持ち主の第一条件は、周囲の年長者に厳しい人がいる**ことです。

故・松下幸之助さんも意図的に自分のそばに、耳の痛いことを言ってくれる人を置かれたと言います。私にも苦言を呈する副社長がそばにいます。

口うるさい人、煙《けむ》たい人、顔を見るのも嫌な人、胃が痛くなるような厳しい上司がそばにいるということは、最高にツイている証拠です。

そういう人こそが、仕事を教えてくれます。自身が成長し、後になって感謝に変わります。口うるさい上司がいるからといって、会社を辞めてしまってはもったいない。耳の痛いことを言ってくださる存在こそが財産なのです。

チヤホヤする人と一緒にいても成長はしませんが、苦手な人ほど一緒にいると自分が成長できます。

「好かれよう」ではなく「好きになる」

苦手な上司ほど、「好かれよう」とするのではなく、自分から近づいていき、「好きになる」ように努力しましょう。

まずは、気持ちよく最高の笑顔で挨拶をすることです。嫌いであろうと、好きであろうと、挨拶は、必ず自分から、感じよくするものです。そこから、コミュニケーションがはじまります。

もし、苦手な上司によくわからない指示をされたら、

「かしこまりました。ぜひ、もう少し詳しく教えていただけませんか？」

と質問します。謙虚な気持ちでぶつかってくる部下であれば、誰でもかわいいと思

うはずです。もし、自分の意見と分かれるようなときは、

「私が感じていることを率直にお話ししてもよろしいですか？」

と言います。謙虚になることを心がけましょう。

また、自分がどんなに忙しくても、

「何かお手伝いすることはありませんか？」

「もし、よろしければ、お手伝いさせていただけませんか？」

と、上司の補佐役を買って出ます。賢い部下は上司を上手く操縦するものです。

どんな上司でもバカにしない

たとえ、どんな上司であろうと、批判したり、バカにしたりしてはいけません。明らかに反抗的な態度を取ったり、ふてくされたりするのは、甘えと依存以外の何ものでもありません。

もし、あなたが上司を批判したりすれば、それを聞いている後輩たちは一緒になっ

て上司を批判します。ですが、後輩たちはあなたを尊敬することはありません。あなたも間違いなく陰で軽蔑されています。

　居酒屋さんやランチタイムに、ここぞと上司の悪口を言うのも時間の無駄。何の解決にもなりませんから。それよりも礼儀礼節をわきまえて、上司に正面から向き合い続けましょう。そのほうがよほどあなたのためになります。

厳しい上司こそあなたを成長させてくれる。
礼儀礼節をわきまえて正面から向き合おう。

18 信頼を勝ち得る最短の道

人と円滑なコミュニケーションを図るためには、信頼関係の構築が欠かせません。
信頼や尊敬を勝ち得る最短の道があります。

「言行一致」です。

自分で口にしたことをいかに成し遂《と》げられるのか、ということです。
言うことと行動が一致していなければ、人は信頼も尊敬もしません。
「あの人は口先だけだ、また言ってるよ……」と陰でささやかれてしまいます。

「大ボラ吹き」になりましょう

「ホラ吹き」と「嘘つき」は違います。「ホラ吹き」は、夢を先取りして、まだ根拠のないことに対しても「絶対にこうなる、こうしてみせる！」と自信をもっている人。たとえば、「俺は組織のなかでトップを取る」と言っている人です。

発言をした時点では、もしかしたらホラかもしれません。でも、たとえ組織のなかでトップになっていなくても、**行動を起こしてさえいれば、言動は一致していることになります。**周囲からも一目置かれるでしょう。

発言に対して行動を起こさなかったときに「嘘つき」になるのです。

夢を実現するために言葉に出し、やり続けていって最終的に成し得たら、「ホラ吹き」ではなく有言実行。夢の実現者になります。

そうした意味では、夢や大きな仕事を成し遂げた人たちは、「大ボラ吹き」と言えるかもしれません。言わば、**「大ボラ吹き」が世の中を変えてきたのです。そして、**

実行した人たちこそが、成功者と呼ばれます。大ボラは夢の先取りなのです。

「優しい嘘」と「保身のための嘘」

言ったことには責任を取るのが、信頼し尊敬される人の条件です。

一度でも口にしたことは、自分と結んだ〝小さな約束〟として、守らなくてはいけません。それができない人は、結果的に「嘘つき」になるのです。

ただし、嘘には、２種類あります。

「相手を思いやっての嘘」と「相手を陥れる嘘」です。前者は相手のことを思うがゆえの優しさの嘘、後者は自分の保身のための嘘です。

嘘をつかなくてはならないときもあります。たとえば、治る見込みのない病の告知など、相手を傷つけないために表現を変えたり、事実を脚色したりすることは、時には必要です。コミュニケーションには、思いやりが不可欠です。

ただし、保身のための嘘、ごまかしはよくありません。

ホラ吹きにはなっても、保身ばかりする嘘つきにはならないようにしましょう。

〝小さな約束〟を守り、成功を体験すれば、達成感が生まれます。その積み重ねによって人は成長します。

最近、自己肯定感や達成感をもっていない若い人が多いように感じています。自分もそうかも、と思ったら、ぜひ自分との〝小さな約束〟をしてみてください。

「明日はいつもより30分早く起きる」でも、「お客様とのアポイントを3件は取る」でもいいのです。有言実行していくことで、達成感を得て、信頼し尊敬される人になってほしいと思います。

行動を起こせば、言動は一致していることを周囲から評価される。口にしたことは、自分と結んだ〝小さな約束〟。必ず守ろう。

19 「どんな人生を歩みたいか」で人間関係が決まる

嫌われるのが嫌で、八方美人的にいろいろな集まりに顔を出す。Ｆａｃｅｂｏｏｋ やＴｗｉｔｔｅｒなどで、常に人とのつながりを気にする。あまり深く人と関わろうとしない。人とそんな関わり方をする若い世代が多いように感じています。

私は**「人生は出逢《であ》いがすべて」**だと思っています。人との出逢いによって、人生が大きく変わります。だからこそ**出逢いを大切にしています**。でも、多くの人と均等に親しくつきあうことは、今はしません。それは、人生の時間は無限ではないからです。

ほしいものは「一点集中」で

いたずらに時を過ごしているうちに、自分の大切な時間がどんどんなくなります。多くの人とつきあえば、表面的な関係にならざるを得ません。密に人とつきあえる時間は限られています。では、限られた人生のなかで、どんな人とつきあえばいいのか。

人と関わるうえで大事なのは、**「どんな自分になりたいのか?」「どのような人生を歩みたいのか?」を鮮明にイメージする**こと。

これによって、つきあう人もおのずと変わってきます。

かつて、私は4000万円もの借金を抱えていた時期がありました。

返済のため、朝8時から20時まで教育会社で働き、21時から24時まで有楽町の居酒屋でアルバイトをし、土日は別の仕事……と3つを掛けもっていたのです。

そんなとき、ある企業のトップの方から、

「朝倉さん、夜のアルバイトと、土日の仕事は辞めなさい。**世の中で偉業を成し得た人で、あれもこれもと複数の仕事をやっている人はいませんよ。**トリプルワークをしても極められるものはありません。

一点集中で事にあたって、1つを極めてから次に行きなさい」

と言われました。

ハッとさせられる言葉でした。何かを一点集中でやらない限り、得るものが中途半端になってしまう。逆に言えば、**何がほしいかを明確にして一点集中すれば、それは手に入る**に違いない、と気づきました。心に深く強く抱いた思いは必ず叶うと私は確信しています。行動ありきですが……。

会わなくても友だちは友だち

実際、何かを極めている人で「あれもこれも」と追いかけるタイプの人は少ないものです。一例をあげましょう。私の会社の女性支店長の話です。

元々は大企業の役員秘書を経て、お茶の先生をしていたのですが、ある日、「単身赴任をさせてください」と私に願い出てきました。

既婚者である彼女に「あなたは旦那《だんな》様がいるのでは?」と確認した際、「もう、主人は説得しました」と迷いのない答えが返ってきました。そしてその表情は、やる気に満ちていました。彼女は「新天地で責任者になり、新規開拓の営業をしたい」という明確な目標をもっていたのです。

周囲にも「私は戦地にいると思って。それくらい今は真剣に営業の仕事をしたいの」と話したそうです。寝袋をもって会社に寝泊まりをして、一生懸命仕事に打ち込みました。

友だちからの誘いにものらず、メールにも返信をしなかった。明確に極めたいことがあったから、友だちとの人間関係をちょっと横に置いていたのですね。

周囲も彼女を理解していました。**連絡がないからといって、友情にひびが入ることもなかった**わけです。**それこそが真の友。目標も達成し、今や、彼女は文字どおり「トップセールス」です。講師も営業も完璧にやり切っています。**

今、自分がどのような人たちと密につきあっているかを振り返ってください。

あなたの今後の人生が、その人間関係の上に成り立つことになるからです。

何をつかみたいかを考えてください。「あれもこれも」は

禁物です。**自分が中途半端でいると、人脈までもが中途半端になってしまいます。緩《ゆる》い関係を好む人のところには緩い関係をもつ人しか集まりません。**濃厚な関係を好む人は緩い関係を嫌います。

「自分は何年後にこうなりたい」「家庭をもって家族を幸せにしたい」「部下をもって、その部下の未来のために貢献したい」といった価値観や目標などをもっていれば、自然と人間関係も変わっていくでしょう。

なりたい自分を明確にし、
どういう人生を歩みたいのかをイメージすれば
人間関係もおのずと決まってくる。

20 人間関係もときには整理整頓《せいとん》

会社でも自分の家でも「整理整頓は必ずやらなければならない」ことです。ビジネスパーソンにとって、自分のデスクや社内をきちんと整理整頓することは、マナーの1つです。散らかったデスクでは、仕事が効率的にできません。さらには書類の紛失といった事故にもつながります。

整理整頓ができる人は頭のなかもきちんと整理されています。物事の優先順位がはっきりしていて、かつ、人間関係の整理も上手です。

整理整頓が苦手な人は、頭のなかも散らかっている状態です。思い出を整理できずに、いつまでも過去の記憶に引きずられています。

大きなミスより「小さなミス」

なぜ、整理整頓ができないか。

大抵は、物を捨てたり、優先順位をつけることができないからなのです。**いらない物は捨てる。**あれもこれももっていたら、手がいっぱいになって、本当にほしいものはつかめません。人間関係も同じです。あの人とも、この人とも、つきあっていたら、本当に大切な人との関係を結ぶことができません。

捨てられない物があれば、優先順位をつけて、置き場所を選びます。すぐに使わないものはしまっておく。必要なものだけ、手の届くところに置きます。

△はなし。必要か、そうでないか、○×を決めて、どんどん片づけましょう。

部下の大きなミスについて、私はあまり叱《しか》りません。大きなミスは本人もわかっていますし、大きなミスの責任を取るのは上司の仕事だと思っています。

小さなミスは口うるさいくらい怒ります。整理整頓についても同様です。

なぜならば、**小さなミスを容認していると、やがて大きなミスに必ずつながるから**です。共有で使う道具を元に戻さないのは、小さなミスですが、そこで「いいよ」と許していると、大きなミスにつながってしまうのです。

「1つの重大事故の背後には29の軽微な事故があり、その背景には300のヒヤリ・ハットが存在する」という有名な**ハインリッヒの法則**があります。

私自身の経験からも実感しています。

小さなことをおろそかにせず、きちんとやることがとても大切なのです。

靴を脱いだら脱ぎっぱなしにしないで、揃《そろ》えておく。あるいは下駄箱にしまう。食べたら食べっぱなしにしないで食器を片づける。**小さな「ぱなし」をやめて、しっかり最後までやり抜く習慣をつけると、仕事もしっかり確実に実績をあげられるようになります。**

子どもの頃、父からよく言われました。

「横着するな」

30代の頃、人生の大先輩からはこう教えられました。

「横着者で成功した人はおらへん。怠惰や無責任で乗り越えられるほど、人生は甘ない。目の前のことをわき目も振らず懸命にやりきりや」

小さな手抜きが、大きな損失、信頼の失墜につながります。

成果を出す最大の近道は、今、目の前にあることに手を抜かないことです。周りの人はその姿を必ず見ています。

精いっぱい生きる姿勢をもつ人は、人に感動を与え、必ず、周囲の人からも愛されます。

まずは、目の前の整理整頓から、今すぐ取りかかってください。

その行動があなたの未来を変えます。

整理整頓をきちんとやると、頭のなかも、人間関係も整理できるようになる。
まずは、小さいことをしっかり成し遂げる習慣を身に付ける。

21 「素直さ」があれば誰でも無限大に成長できる

「謝るような仕事はしてはいけない」

常々、自分自身や社員たちに言い聞かせている言葉です。安易に詫《わ》びないでほしい。詫びる仕事をしてほしくないのです。無責任な仕事のやり方をして、謝ってばかりいる部下に重要な仕事、大事な仕事は任せられません。

本来、「ごめんなさい」と謝らないで済むように、事を進めるべきなのです。ビジネスでも、プライベートな人づきあいでも同じです。

「申し訳ございません。5分遅れます」

と謝らないで済むように、10分早く行動する。それが当たり前のことであり、プロの仕事というものです。一方で、誰でも、間違いをしてしまうのが現実です。

人は一瞬、感情的になりやすい

もし、誰かに指摘されたり、あるいは自分で気づき、非があるときは、すぐに認めて、**素直に謝るようにしましょう。**

「ごめんなさい」「申し訳ありません」

素直に指摘を聞き入れ、心から謝ることができれば、人は大きく成長できます。

故・松下幸之助さんも、かつて「素直に耳を傾けることの重要性」を語っていらっしゃいました。

「素直であり続ける」ことは、難しいものです。

「素直であり続ける」とは、どういうことか。

たとえば、誰かから叱られて人前で恥をかいたときに、心から「ありがとう」と思えることです。**1回でも「お前に言われたくないわ！」とムカッときていたら、素直ではありません。**頭では素直になろうと思っていても、カチンときてしまった時点で素直ではないのです。**まっすぐに耳を傾けることができ、間違いを指摘してくれたことに、純粋な「ありがとう」を言えることが、素直だと思います。**しかし、これがなかなかできないのです。だからこそ、大事なことなのです。

「話の内容」に焦点を当てる

人は不思議なもので、**尊敬している人や立派な人から言われると、内容が厳しいものでも素直に聞くことができます。**

でもその一方で、自分が尊敬も信頼もしていない人から言われた言葉には、素直に耳を傾けるのが難しいもの。特に女性は、相手が好きな上司であれば、注意や指摘であっても素直に聞き入れる傾向にありますが、嫌いな上司の言葉は無視してしまうのです。それでは成長はできません。

嫌いな上司が正しいことを言っているケースもあれば、好きな上司の言葉が誤っていることもあるのです。ですから、**「誰が語っているか以上に、何を語っているかに**

焦点を当てること」です。内容に注目すると、吸収し、成長できます。
感情的にならずに、まずはいったん、何が語られているかだけを聞き止めて、受け入れていきましょう。

素直とは「欲」の1つではないでしょうか。
学びたい、知りたい、成長したい、もっとよくなりたい……という成長意欲があれば、嫌いな人の意見も素直に聞き入れようとします。

成長意欲がなくなるとき、人は老けてしまいます。

一生涯成長し続ける人は、いつもほっしているから素直になれ、人の意見を聞き入れられるのです。私も一生かけて素直さを追求していきたいと考えています。自分に満足することなく、人様からの教えを請いながら、日々進化、成長していきたいです。

まっすぐに耳を傾け、純粋な「ありがとう」が言えることが、素直。
何が語られているかだけを聞き止め、成長意欲をもとう。

Part 2・聞く力

22 相手を話す気にさせる「たった2つ」のこと

人の話を聞くときは、「きちんと話を聞いている」ことをカタチに表すことが肝要です。その様子を見、感じることで、相手も「この人にはしっかり話そう」と思ってくれるからです。どうすれば、「きちんと話を聞いている」ことを伝えられるか。ポイントは2つあります。

目上の人に「なるほど」はNG

1つ目が、**「姿勢」**です。
背もたれに背中を預けて、腕組みや足組みをしながら聞くのは、「きちんと話を聞いている」姿勢とは言えません。座っている場合は、椅子の半分、もしくは3分の2ほどの位置にお尻を置いて背筋をピンと伸ばし、相手の目を見て聞くのが正解。

立っている場合は、**頭の先から足の先まで、全身を相手に向けて、まっすぐ相手の顔を見ます。〝顔〟だけで聞くのではなく、〝全身〟で聞くのです。**

すると、話を熱心に聞いている印象を与えられます。首だけ相手のほうに向けているか、体ごと向けているかで、印象の違いはとても大きいもの。「きちんと話を聞いている」と感じたら、相手も言葉を選びながら、きちんと話をしてくれるものです。

2つ目が、**「相槌を打つ」**ことです。

うなずくときも、しっかりと体を使います。ただし、タイミングを間違ってはいけません。相手の話を遮《さえぎ》るような相槌を入れないように気をつけましょう。

相槌にはいろいろな種類があります。たとえば、

- **肯定したいとき……「はい」「同じ思いです」「同感です」「おっしゃるとおりです」**
- **興味をもったとき……「驚きました」「すごいです」「その後はどうなったのですか」**
- **共感するとき……「お気持ちはすごくよくわかります」「大変でしたね」**

基本は「はい」とうなずきながら聞くようにし、状況に応じてほかの言葉を使い分けましょう。相槌について、最近特に気になっているのは、「なるほど」という言葉を発する人が多いこと。便利な言葉ではありますが、これには使い方があるのです。

たとえば、「なるほど、なるほど」と繰り返し言うのは、相手より自分が上位に立っているという偉そうな印象を与えます。上司が部下に言う分には構いませんが、部下から上司への「なるほど」は失礼になります。お客様に対しても同様です。感情移入をして「なるほど……」と使うのはいいのですが、一本調子の「なるほど」は偉そうに聞こえるので注意しましょう。「ええ」も目上の人には使いません。やはり基本は「はい」です。

相手から話を引き出す「必殺技」

合いの手も、感情を込めて「あなたに興味があります」という姿勢で入れていくと、相手は話に興味を示してくれます。

あなた「1つ質問してもよろしいですか」
相手「いいよ」
あなた**「社長、なんでそのとき、そういう決断をなさったのですか？　ぜひともお話しいただけませんか？」**
相手「それはね。○○だからだよ」
あなた**「貴重なお話をお聞かせいただき、ありがとうございます。自分がその立場であればそんな決断、絶対にできません。その判断、決断はさすがだと思います！」**

「すごい！」という**心から湧《わ》いてくる感情のままに合いの手を入れると、相手も「この若者にもっと話してあげたい」と思うようになる**のです。

相手の話は〝顔〟だけでなく〝全身〟で聞く。聞いていることを姿勢や態度、言葉に表す。

23 聞きにくいことを聞き出す「ひと言」

仕事でもプライベートでも、内容によっては相手に聞きにくいことがあります。たとえば、女性にはプライベートなこと、年齢や、既婚かどうか、などは聞きにくいものです。でも、聞いておいたほうが、ビジネスの話を進めやすい場合もあります。

そんなときは、まず、相手の立場になって考えてみましょう。

クッション言葉で印象も和らげる

もし、あなたが、取引先の担当者に、突然、「おいくつですか?」と聞かれたら、

「何で、あなたに歳を教えなくちゃなんないの!」

と思ってしまうでしょう。

では、こんなふうに聞かれたらどうでしょう。

「答えにくいかもしれませんが、あえて率直にお聞きしてもいいでしょうか？」

単刀直入に聞かれるより、先にこうした言葉が入ると、印象がやわらかくなります。ほとんどの人が「どうぞ」「いいよ」と答えるはずです。そこで、

「私と同じくらいだと思うのですが、○○さんは何年生まれですか？」

と尋ねます。

一度、「いいよ（YES）」と言ったからこそ、相手は質問に心よく答えてくれるものです。

このように、答えづらいことを聞くとき、あるいは、言いにくいことを伝えなければならないときに、印象を和らげる言葉を、**「クッション言葉」**と言います。

コミュニケーションスキルのなかでは、**「プリフレーム」**と言います。フレームは「額」の意味です。つまり、先に話にフレームをかけるということです。

「今から話すのは○○についてです。○○な覚悟で聞いてくださいね」

と話題を明確にして、相手に心の準備をしてもらうのです。

上司やお客様に言いづらいことを伝えるときは、次のようなプリフレームが有効です。


「怒らないで聞いてください」

「気を悪くしないで聞いてくださいますか?」

「感じたままをストレートにお伝えしてもよろしいですか?」

「大変残念なお話をしなければなりません」

「耳の痛い話かもしれませんが、お話ししてよろしいですか?」

相手を話に集中させる「ひと言」

相手の集中力を高めたり、聞く側の心づもりを変えるプリフレームもあります。

「今から3つのポイントについてお話しします」

「これから大事な話をします」

「今日は前回のお返事をうかがいにまいりました」

「大事なことを聞きたいんだけど、真剣に答えてくれる?」


学生時代、先生から「ここは試験に出るところだから、しっかり聞いておくように」とよく言われたものです。今思うと、これもプリフレームの1つですね。

聞きにくいことは、直球で聞かずに「クッション言葉」を入れると、相手も答えやすくなる。

24 「会話の主導権」はこうして握る

ビジネスシーン、特に営業では、**自分が会話の主導権を握り、相手には選択権を渡すと、スムーズに話が進みます。**しかし、尋問のようにいろいろ聞いてくる人に対して、いつまでも質問に答えていると、主導権は取れません。そのような場合は、質問に対して質問で切り返し、主導権を握ります。

質問には質問で切り返す

営業研修のロールプレイングで実際にあった事例です。

「何か質問はありますか?」の問いかけに、ある受講生が、「今まで何人の男性とつきあったの?」と私に聞いてきました。
「何のためにそんな事を聞くの?」と思ってしまう質問です。
私は、次のように切り返しました。

相手「今まで何人の男性とつきあったの?」
私「人数にこだわる?」
相手「いや、こだわらない」
私「あなたは何人の女性とつきあったの?」
相手「2人かな?」
私「2人との恋愛期間は長かったの?」

受講生から「ほー」と声が上がったほどです。
質問に対して、意表をつく質問で返して、主導権を握っています。人は質問をされると、自然と頭のなかで質問の答えを探し、答えようとするものです。主導権を握るためには、自分にされた質問の答えを探しに行かず、質問で返すようにしましょう。

聞いて、聞いて、メモと、1回の復唱

コミュニケーションをリードする「聞き方」には、ポイントが5つあります。

①よく聞く
②黙って聞く
③最後まで聞く
④メモを取る
⑤復唱する

じっくり聞いて、メモを取ったあと、できれば最後に復唱を一度で行います。

たとえば、「本日の面談の内容に関しまして、お話しさせていただいてもよろしいですか」と聞いて、相手から「いいよ」と言われたら伝えます。

さらに、次に会うときには書類を見ながら、

「前回のご面談のなかで、○○部長のニーズをお聞きした際、ポイントは3つに分けられると思いました。そのポイントに基づいて今回は企画書を作ってまいりました。お目通しいただけますか」

と言えば、**前回のおさらいもできて、頭が整理されます。**相手も前回のことを思い出せて、その後すぐに、本題へ入ることができます。

いきなり「先日の件ですが」とはじめてしまうと、相手が「何の件？」となってしまいがち。一方的に企画書を渡せば、自分本位だと思われてしまうかもしれません。**何のためにそのコミュニケーションや会合、企画書があるのか。その企画書を活かし好意的に感じさせるためにはどういう話の展開から入らなくてはならないのか。**

よくふまえながら、リードしていきましょう。

「聞き方」のポイントは、じっくり聞いてメモを取ったあと、できれば1回で復唱を行う。
コミュニケーションの目的をはっきりさせて、話の展開を考える。

25 「脱線した話」を元に戻すテク

会議や打ち合わせをしていると、本題からどんどん話が逸《そ》れて、脱線させてしまう人がいます。加えて、そういう人に限って話が止まらない。

すると、時間ばかりが無駄に流れ、結論が出なくなってしまいます。

そのようなときに、

「話を戻していいですか」

と言うと、あなたがよかれと思って口にした言葉であっても遮られたと思って相手はムッときます。

脱線してとんでもないところに向かってしまいそうなとき、相手をムカッとさせずに、話を本題に戻すには、**「質問話法」**を使いましょう。

仕事がサクサク進む「魔法の質問話法」

少し大きな声で、

「ありがとうございます。確かにそうです。○○さん、1つ質問をしてよろしいですか」

「今の話のなかでピンときたものがあるのですが、1つおうかがいしてもよろしいですか」


相手が「はい」と答えたら、質問をします。

そのとき、○○さんが話していた流れと、まったく違う質問で構いません。これで話の流れは切り替わります。自分の意図している方向に話を軌道修正していかないと、ずっとその話を聞かなければならなくなります。

質問話法はいろいろなビジネスシーンで使えます。私も日々の仕事のなかで一番多く使っています。**質問話法を身に付けると、自分の仕事を効率的に進めることもできるようになります。**

お客様や上司から提案書の提出を求められたとします。

「企画書を提出してください」

あなたはどう答えますか？

「はい、わかりました。明日、提出いたします」

もしかしたら、こう答えるのが、ビジネスパーソンの鑑《かがみ》だと思っていませんか？

大きな勘違いです。もちろん、スピーディーに仕事をすることは大切です。お客様や上司から頼まれた仕事は、できるだけすぐに取りかからなければなりません。

ですが、あまりに急いで提出し、いい加減な仕上がりに

なったり、自分で決めた期限に間に合わずに遅れてしまった場合、嘘をつくことになり信頼を失いかねません。

「それはいつまでにご用意すればよろしいですか?」

相手からの仕事の依頼に対して、期限を自分から先に申し出る必要はないのです。まずは、**相手に納期を聞く**。その上で、できそうかどうか判断する。無理な場合は、理由を伝えて、この日までなら確実にできるという日を提案してみましょう。

「どのような形式の企画書にいたしましょうか?」
「具体的にどういった内容を盛り込めばよろしいでしょうか?」
「どのような方法でご提出すればよいでしょうか? メールでお送りしますか? それとも、おもちしたほうがよろしいでしょうか?」

資料や企画書、提案書の提出を求められた場合は、**どんな内容にすればいいか、詳しく聞きましょう**。詳しく聞くほど、要望に沿った提出物を作ることができます。「何を入れればいいのかなあ」と自分で悩む時間も短縮されますので、仕事は効率的になります。

　メールで送るのと、持参するのとでは、労力も変わってきます。最初に納品の方法まで聞いておけば、仕事の段取りもしやすくなります。

本題から脱線したときは質問話法で本題に戻す。質問話法を使いこなして仕事を効率化しよう。

26 場の空気を瞬時に変える「ひと言」

商品の説明や、自社の紹介をしている途中で、お客様が大アクビ。

そんな姿を目にすると、「まずい！　飽きてるぞ」「おいおい、全然、聞いてないぞ」「俺の話、つまらないかな」と慌ててしまうものです。

ではどうすれば、会話の相手を飽きさせずに、こちらの話をきちんと聞いてもらうことができるのでしょう。ここでも**質問話法**を使います。

空気を変える「突然の質問」

話の途中で、**突然、次のように質問を入れます。**

「……なのですね。**○○さんはどう思われますか？**」

本当に聞いていないときは、

「う～ん、どうかな」と首をかしげたり、

「もう一度お願いします」

と答えが返ってくるでしょう。そのときには相手を咎《とが》めず、**にっこりと笑ってていねいに、**

「もう一度ご説明させていただきます」

と話をはじめます。

場の空気も変わって、真剣に話を聞いてくれるようになります。

自慢話さえも楽しい会話に

セミナーや企業研修で、次のような2つのパターンの会話を実際にやっていただいています。

２人１組になり、最初は、「相手に対して1分間自分を自慢してください」と言います。聞く側は、相槌を打つわけでも質問をするわけでもなく、ただ相手の自慢話を聞くことだけに集中してもらいます。

「どうでしたか、楽しかったですか」

と聞くと、ほとんどの方が、

「苦痛だった」

と顔をしかめます。

次に、「相手に質問をし、会話のキャッチボールをしながら、自分を自慢してください」と伝えて、やってもらいます。たとえば、最初は、

「私はスポーツが得意です。なぜかというと～」と一方的に自慢していたのを、

「私は以前からスポーツをずっとやっていまして、ゴルフが好きなんです。**○○さんは昔、何か運動をしていましたか**」

というように、ところどころで相手に質問をしながら進めてもらうのです。

終了後、２つのパターンのうちどちらが楽しかったかを聞くと、１００％が後者と

言います。

結果的に着地するところが自慢話であっても、会話のキャッチボールが成り立っているか否かで、会話の質が変わるのです。

キャッチボールになっていると、話すほうは相槌を見て安心できますし、聞く側も自分が話に参加できます。

双方にとって苦痛なく話が続けられ、お互いにとって楽しい時間にもなります。

会議の場でも、お客様に何か説明するときでも、できるだけ一方的にならないよう質問を入れていくようにしましょう。

話をするときは意識的に質問を交え、会話のキャッチボールを成立させる。

27 相手の心を開く「質問術」

本書ですでに何度か質問話法を紹介してきました。それだけ、コミュニケーションにおいて大切なスキルなのです。ここでもう少し詳しく見ておきましょう。

人は、相手に話してほしいときに質問をします。このとき、どういう質問をするかによって、相手の受け答えが変わります。つまり、「何をどう質問するか」が会話の質を左右します。**質問話法をしっかり身に付けておくと、会話の主導権を取り、上手く結論へと結びつけることができます。**

心を開く「2種類の質問」

質問には次の2種類があります。

・**会話を狭めていく質問（＝クローズド・クエスチョン）**
・**会話を広げていく質問（＝オープン・クエスチョン）**

クローズド・クエスチョンは、「イエスかノーか」、もしくは「AかBか」を問います。つまり、答えが1つになるような質問です。

「コーヒーはお好きですか」「コーヒーと紅茶はどちらがお好きですか」などです。

一方、**オープン・クエスチョンは、5W1H、つまり、「誰が」「何を」「いつ」「どこで」「なぜ」「どのように」を問います。**

「コーヒーはいつ頃から好んで飲まれるようになったのですか」

「何かきっかけがあったのですか」

上手に会話を進めるポイントは、クローズド・クエスチョンとオープン・クエスチョンを組み合わせることです。

「コーヒーと紅茶はどちらがお好きですか」（クローズド・クエスチョン）
「コーヒーが好きです」
「コーヒーはいつ頃から好んで飲まれるようになったのですか」（オープン・クエスチョン）
「10代の頃から好きになりました」
「何かきっかけがあったのですか」（オープン・クエスチョン）
「はい。大学受験の勉強をしていた頃、夜眠くならないよう飲みはじめました」

人は自分の話を聞いてくれる人に好意をもちます。逆に、一方的に話す人は嫌われる傾向にあります。質問話法を上手く使って相手の心を開きましょう。

尋問ではなく「質問」をする

質問話法は便利ですが、「質問をしなければ」と意気込んで、アンケートのように「家族構成は何人ですか」「何が好きですか」とやつぎばやに質問をしている人を見かけます。聞かれているほうは、誘導尋問のようでたまったものではありません。

質問と尋問は、似ているようで大きく異なります。良質な質問は、相手との人間関係を良好にし、楽しい会話に導くことができます。一方、尋問のように問いただす質問は相手にとって苦痛なだけなのです。相手の表情やうなずき方、間の取り方、身を乗り出しているか、背もたれにもたれかかっているか、などを注意深く見て、「相手が気持ちよく答えているか」を確認しながら会話を進めましょう。

クローズド・クエスチョンとオープン・クエスチョンを組み合わせて上手に相手に問いかけていこう。

28 怖そうな人の懐に入る

「あの会社の部長、すごく怖そう。絶対、苦手。できるだけ近寄りたくない」

企業を訪問して、そう思ってしまうことってありますよね。あるいは社内の強面《こわもて》の上司に近づけない、という人もいるでしょう。気持ちはわかります。何を隠そう、私自身相当な恐がりだからです。ですが、仕事をしているうちに気づきました。

「怖そうに見える人を避けるのは損である」と。

まずは「会う回数」を増やす

強面、無愛想、つっけんどん、言葉数が少ない……。実はこういった**一見怖い印象**

の方は、キーマンである場合がほとんどです。周囲に媚《こ》びへつらうことなく、自分の判断で仕事をしています。社内でも力があり、発言力があるのです。上手につきあえれば、必ず得るものがあります。自分の成長にもつながります。

逆に、いつもニコニコして厳しさがなく、つきあいやすい人は、残念ながら力をもっていないことが多いものです。もちろん例外もありますが、言葉を選ばずに言うと、いい人はどうでもいい人であることが多いものです。

だからこそ、**怖いと思ったら躊躇《ちゅうちょ》せず「行け」**です。

周囲も「怖い」「怖そう」と思い、踏み込んでいないはずです。ライバルはいない。営業先であれば、思い切って懐に飛び込んでしまうことが大切です。

ビジネスで人とのコミュニケーションに悩んだら、次のような基準で判断し、行動してみてください。

・迷ったら、困難な道を歩む。
・「向き」「不向き」より「前向き」になる。
・やらない後悔より、やった経験が貴重。

私の経験に基づく、３つの行動の指針です。
ビジネスで関わるお客様が、怖そうな人であった場合、どうつきあっていけばいいか。次の３点を意識するようにします。

①会う回数
②踏み込んでいく勇気
③質問話法

１つずつ説明していきます。相手の懐に入るのに、カギとなるのが、実際に会ったり、メールや電話などでやりとりした**「接触回数」**です。**相手を知り、自分を伝えていく機会は多ければ多いほど、より親しくなれます。**これは、怖い印象の相手に限りません。社内の人であっても、社外の人であっても同様です。恋愛でも同じ。接触が多いほど、お互いを理解しあえるものです。

なかでも、ポイントとなるのが、実際に「会う回数」です。相手は忙しいですから、黙って待っていても、向こうから声を掛けてくれることはありません。

できるだけ、**自分から能動的かつ積極的に会うチャンスを求めていきましょう。**

もし、面談を申し込んで断られたとき、どうするか。もちろん、ひるんで逃げてはいけません。本心を隠さずに、**「ぜひともお時間を設定していただけませんか。いろいろなことを教わりたいのです。いかがでしょうか?」**と歩み寄ってみましょう。「教わりたい」と真摯《しんし》な態度で言ってくる若いビジネスパーソンに対して、むげに断るリーダーは少ないものです。

怖そうな人とのコミュニケーションこそ積極的に図れ。

29 怖そうな相手から「YES」をもらう方法

怖そうな相手とのコミュニケーションで、次に大切なのが**会話のなかで「踏み込んでいく勇気」**です。私も正直に言って、苦手なタイプがいないわけではありません。反応がなかったり、会話のキャッチボールがスムーズにいかなかったりすると、いまだに冷や汗が出ます。

でも、たとえ下手な言い回しであったとしても、**「一生懸命語ろうとしている姿勢を相手は見ている」**ものです。多くの人が目を逸らしたり逃げたりするところで、「この人は勇気をもって向かってくるんだな」と伝わったときこそ、相手は好感を抱いてくれます。

「反論＝興味」ととらえよ

自分が営業したい商品の説明をし、もし、相手が表情を変えたり、質問や反論があったとしたら、それは興味をもった証拠でもあります。

「そうは言っても高いんでしょう？」

「どこの商品でも一緒でしょ？」

「効果はないんじゃないの？」

こここそが、勇気をもってグッと踏み込むタイミングです。やっと相手が心を開いて一声をくださったのです。断り文句だととらえてしまって萎縮《いしゅく》したり引いたりしてしまうと、好機を逃してしまいます。**断り文句ではなく、「買い信号」ととらえて切り返していきます。**

では、どう切り返せばいいか。たとえば、

「**そうは言っても高いんでしょう？**」と言われたら、

「率直なご意見ありがとうございます。高いからこそのメリットを3点申し上げてもよろしいですか？」と質問話法で切り返すのです。

相手は思わず「いいよ」と言ってくれるはずです。

質問話法は相手の反論を切り返す武器であり、ビジネスを上手く進めるための有効なコミュニケーションツールです。いろいろな場面を想定して練習し、身に付けて、人と会う前にはきちんと準備しておきましょう。スポーツでたとえるとよくわかります。事前の準備運動をしておかなければ、どんな試合にも勝てないものです。

「YES」の数だけ相手が心を開いてくれる

会社でちょっと怖そうな上司と話をしたいときの例です。

「（真剣な顔で）○○部長、とても大事なお話があるんですが、お時間を取っていただいてもよろしいですか」

「うん、いいよ」

「どれくらいお時間をいただけますか」

「10分くらいだったらいいよ」

「かしこまりました。3分でお話しさせていただきます。お聞きいただけますか」

「いいよ」


ここまでに、相手から3回「YES」をもらっていることになります。

このように、**相手が不快感をもたずに「YES」と言ってしまう質問を考え**、相手の言葉を受け止めてから切り返すようにします。

小さな質問に対する「YES」の回数を増やし、会話のキャッチボールを繰り返すことで、相手が心を開き、大きな要望に対しても「YES」をもらいやすくなります。

小さな「YES」を多くもらい、大事なことに対する「YES」につなげる。

Yes
Yes
そうだね
Yes
Yes
Yes
?

30 相手のニーズを100%引き出す会話術

お客様との面談、打ち合わせでは、「いかに相手のニーズを引き出すか」がカギを握ります。売りたいものがあったとしても、いきなり商品の説明はしません。お客様に商品を提供する場合には、それなりのコミュニケーションの手順があります。

本人も気づいていないニーズを見つけ出す

次のようなステップが効果的です。

①相手が何を求めているのかニーズを引き出す。

②提案しつつ、さらにニーズを深掘りする。
③相手が商品を必要と感じてくれたら契約へ。

ニーズを引き出すためには次の言葉が便利です。

「たとえば、どういったことでしょう?」
「ほかの可能性はありますか?」
「A、B、2つの課題のうち、優先順位が高いのはどちらですか?」

ニーズを引き出した上で、買ってほしいものを提案し、ニーズを深掘りします。

「それであれば、こちらをおすすめしたいのですがいかがですか?」
「ご意見をもとにこのような企画を考えたのですが、ご感想をいただけますか?」

そして、要望がありそうなら、契約へとつなぎます。

「この商品についてどのようにお考えですか?」「ご予算はおいくらですか?」

「これまでの内容で早い段階で実現したいと考えていますが、いかがですか？」

お客様との信頼関係を損ねないよう、気をつけながら話を進めていきましょう。

本人さえ気づいていなかったニーズを引き出し提供すれば、相手から喜ばれます。

たとえば、相手が50万円の商品の購入を考えていたとしても、いろいろ聞いていくうちに、１００万円の商品をおすすめしたほうが、お客様にとってもメリットが大きい場合もあります。

お客様との話のなかで、次のように伝えればいいのです。

「そのニーズにお応えするには、50万円の商品では物足りないのではないでしょうか。むしろ、投資として１００万円のものをご検討されたほうが、時間短縮にもなります。それだけ頻繁にお使いであれば１００万円の商品のほうが価値があり、○○さんにはお得だと思います。こちらをぜひおすすめしたいと思いますがいかがですか」

相手のニーズをよく考えた上での提案であれば、「押し付けられた」と思うことなく、検討してくれるでしょう。

まずは本心を伝える

人はなかなか本心を言わないものです。相手の本心を聞きたいのであれば、**自分自身の本心を隠さずに伝え、相手の本心を聞き取っていくこと**です。

自分自身の本心を隠したままでは、いつまでたっても本題に移れません。たとえば、親しくなりたいのであれば、「私は、○○さんとぜひ親しくなりたいんです」と伝えないといけません。**自分がしたいことやしてほしいことを明確に言えばいい**のです。

特にクロージングでは、「やりましょう！」「お試しください」としっかり伝える必要があります。

相手が何を求めているのかをしっかり引き出してから提案。
相手が気づいていないようなニーズを探り出すようにしよう。

31 ポロッと本音が出る奇跡の場所

面談や会議中にストレートに聞く以外にも、相手の心や本音を知る方法があります。**表情に注目する「観察法」**と、**相手の心が緩んだときに質問する、「〝刑事コロンボ〟作戦」**です。

相手の表情から引き際を見極める

人の心のうちは、すべて「目に出る」と言います。

人と話をするときは相手の目をしっかりと見ます。社員が、いつもと違って、目が泳いでいたり、目線に真剣味がなかったり、気もそぞろだったりしたら、私は「何かあったの？」と声を掛けます。たいてい、心配事があったり、何か問題を抱えています。

表情もチェックします。たとえば、お客様との面談では、会話をしながら、前回会ったときの表情と、今日の表情との違いがないか、確認します。会話のなかで「この人は、こういう悩みをもっているのではないか」「本当は体調が悪いのではないか」と感じ取っていきます。

初めて会ったときはとても感じがよかったけれども、2回目の今日は面倒くさそうにしている。そんなときは「気分にむらがある人なのかな、本当の顔はどっちだろう」と考えます。

逆に、出逢ったときは無愛想でぶっきらぼうだったけれど、2回目の今日は穏やかな場合は、「意外といい人なのかな。心を開いてくれたのかな」といった具合です。

様子を見て、今日は「落ち着きがあるか、ないか」「機嫌がいいか、悪いか」を読み、どういう人か、どういう気分かを探っていきます。

観察力は武器にもなります。ひんぱんに時計を見るなど忙しそうで落ち着きがない場合は、

「もし今日お忙しいようであれば、日を改めさせていただきますが、いかがですか？」

と言って帰れば、ある意味で小さな貸しができるわけです。

たいていの人は「気遣ってくれたんだな」「悪いことしたな」「次はじっくりと時間を取ってあげなければ」と思い、次は濃密なコミュニケーションがしやすくなる可能性が高まります。

無防備なときこそ本音を引き出すチャンス

「〝刑事コロンボ〟作戦」は、かつてのアメリカの人気テレビドラマ『刑事コロンボ』から取った名前です。帰り際に一度振り返って、「ちょっと、奥さん、もう1ついいですか」と質問をする、コロンボ警部の常套《じょうとう》手段に似ているからです。

ところで、実際のところはどうなんですか？
実はですね…

人は、テーブルを挟んで向き合って会話をしているとき、聞かれたことに対して「何か答えなければ」と、ある意味では構えています。自分に不利にならないよう、防御しているかもしれません。

でも、すべてが終わったあとで席を立ち、エレベーターホールあたりで「ところで○○さん」と話しかけると、**気が緩んでポロッと本音が出ることが多いのです。心理的に、本音が出やすいタイミングなのでしょう。**

たとえば、そのとき、相手にちょっと質問をすると、表情から「これは嘘だな」とわかってしまったり、「実はですね……」と面談では出なかった社内事情を教えてくれたりします。

お客様の会社を出るまで、決して気を抜かずに聞く姿勢を保ちましょう。

前回会ったときの表情や雰囲気の差で相手の心を読み取る。
お客様の会社を出るまで気を抜かずに聞く姿勢を保つ。

32 断られたときに聞く「ひと言」

何年もおつきあいをしている彼女がいるとしましょう。

いい返事がもらえると思って、プロポーズをしました。決まると思ったのに彼女の答えはNO。あなたが一番知りたいことは何でしょう。

「理由」ですよね。なぜプロポーズを受けてくれなかったのか。

そんなとき、多くの男性は、「なぜ、断ったのか。どうして僕じゃダメなの」と聞くと思います。聞かなければ、ずっと、自分で理由を考え続けて悶々《もんもん》としてしまいます。次に活かすこともできません。聞いたほうが自分の成長につながるのです。

真剣に向き合えば相手も真剣になる

ビジネスでも同じです。**契約をいただけなかった場合、プレゼンで落ちた場合、必ず理由を聞きましょう。**指摘された点を改善することで、次につなげることができます。コミュニケーション能力も上げることができるのです。

断られた理由は次のように聞くのがいいでしょう。

「今日この場で契約をいただけなかった本当の理由を教えていただけませんか。私は、御社にはこの商品が一番合うと確信をもっています」

「私どものプレゼンに何がプラスされればご検討いただけますか？　次回以降、御社のご意向に沿う提案をしたいので、ぜひ、教えていただけませんか」

決して、にこやかな表情で聞いてはいけません。クロージングで笑ってはいけないのです。真剣に本音をぶつけるからこそ、相手も真剣に答えてくれるのです。

断られたら深追いしない

初めての面談で断られ「これはダメだ」と思ったとき、私は深追いはしません。**「また後日、改めて連絡をお入れします」**とていねいに言って退席し、頭の中では、「次へ行こう、次へ」と切り換えます。

しつこく追いかけられると、相手は気持ちいいものではありません。恋愛と同じです。追いかけられると逃げたくなります。**ただし、折を見て、また連絡を入れます。**

数ヶ月後に電話をかけて、

「先日は貴重なお時間をありがとうございました」

「○○会社の△△です。覚えてくださっていますか」

「連絡をしないと忘れられてしまうのではないかと心配になって、連絡を入れてみました」

と明るく電話をします。

相手が感じよく挨拶を返してくれたら、

「お忙しいと思いますが、いつぐらいでしたら、お時間をいただけますか」

と質問をします。

「3ヶ月後くらいなら、少しは時間を作れるかもしれない」

「かしこまりました。では、また3ヶ月後にご連絡させていただきます」

と言います。そして、手帳にしっかり書いておき、3ヶ月後に必ず連絡を入れるようにします。小さな約束を守っていくことがビジネスではとても大切です。

約束を守った数だけ、信頼関係が深まるからです。

断られた理由を聞くことが自分の成長につながる。ただし、ダメだと思ったら、深追いはしない。

33 「指示待ち人間」がスクスク育つ魔法の質問

人は大きく2種類のタイプに分けられると思います。自分で何でも考えて行動する**「自立型人間」**と、自分で何も決められない**「依存型・指示待ち人間」**です。**人は、自ら考えて自ら行動する前者が好き**なものです。

ただ、つきあう人は必ずしもそういう人ばかりではありません。依存心の塊《かたまり》のような人もいれば、「自分で判断する＝責任が生まれる」と考えて失敗を恐れ、何もしない後者のような人も少なくありません。

でも「指示待ち人間」であろうと、関わり方1つで変えられる可能性があります。

相手の考える力を育てる「魔法の質問」

あるとき、後輩ができた若手社員のAさんからこんな相談を受けました。

「僕は自分で考えて行動するほう。でも、後輩は何でも聞いてくる。最初は、新人だし、わからないことも多いだろうと、1つ1つていねいに教えていました。でも3ヶ月たった今も何でも聞いてくるし、指示をしないと何もしない。すっかり手を焼いています」

このような場合、何か聞かれたときにAさんがするべきことは、

「あなたはどうしたいの？　自分の考えは？」

と後輩に聞くことです。ボールを相手に渡すのです。返事を聞いた上で、いい答えであれば、**「それで進めなさい」**と言えばいい。その返事がちょっと違うな、と思っ

たら、

「ほかには？　アイデアをもっと考えてみて」

とまたボールを渡せばいい。自分ではボールをもたない。

つまり、

自ら考え、行動させるような質問をするのです。1から10まで後輩に答えを教えていては、その後輩は**いつまでたっても自分の枠を超えた仕事ができません。**

女性で母性が強いタイプの人は、すぐに教えてしまいがちです。私も社員から何か聞かれれば、つい教えたくなります。でも、ビジネスでは、その気持ちはぐっとおさえるようにしています。人を育てられないからです。**自ら考え、行動をする人になるためには、人に聞かないで、自分で答えを導**

き出す必要があります。

後輩ができたなら、「どう思うのか」「どういう意志をもっているのか」「どんな着地点を望んでいるのか」「その仕事をどの点数までもっていこうとしているのか」。意図や狙いを意識して本人に聞いていくようにしましょう。

一緒に悩む必要はない

男女の会話でもこうしたことはありがちです。たとえば、仕事でヘトヘトに疲れて帰ってきた旦那さん。奥さんが、

「ねえ、お義母《かあ》さんへのお土産、何がいいかしら？」

と尋ねます。でも、旦那さんはつい「そんなの自分で考えろよ、こっちは疲れているんだから」と言ってしまう。こんなふうに言ってしまったら余計に疲れます。

本当はたったひと言、

「君はどうしたいの？」

と聞き、奥さんが答えたら、

「そうか、そうすればいいよ」

と答えるだけでいいのです。

ほとんどの男の人は、「答えを出してあげなければいけない」と考えがち。後輩から悩み相談などを受けると、1つ1つ「こうしたらいいよ」などと答えて膨大な時間を割いて対応してしまいます。

多くのケースでは、**質問や相談をもってくる人自身が、答えをもっています。それを引き出し、引っ張ってあげるようにしましょう。**

自分で考えない「指示待ち人間」には、「あなたはどうしたいの?」と、行動を促《うなが》す質問で、相手がもっている答えを引き出していく。

Part 3・伝える力

34 「伝えっぱなし」にするから誤解が生まれる

「伝えた」と「伝わる」は違います。

自分が伝えたと思っていても、相手に伝わっていないことがあるのです。

基本的にコミュニケーションにおいては情報を発信した側が責任を取ります。

伝わっていないのは、発信者側の伝え方に問題がある、と考えましょう。

抽象的表現を避け、具体的に

たとえば、

「今日はそばが食べたい気分だな。そばの出前、頼んでくれる？」

と先輩から言われて、後輩が電話で「中華そば」を注文したとします。

届いたそばを見て、先輩は、

「何だよ。そばといえば、日本そばに決まっているだろう」と文句を言いながら、しぶしぶ中華そばを食べました。

自分が正しく伝えていれば、ほしい結果（＝日本そば）を手に入れることができたはずです。では、**正しく伝えるにはどうすればよいのか**。ポイントは3つあります。

①抽象的な言葉を使わないようにする。

②見える化する。

③確認する。

「そば」のように人によってとらえ方が異なる言葉があります。何かを伝えるときは、**できるだけ、抽象的な表現を避けて、具体的な表現で伝える**ようにします。

たとえば、職場で後輩に企画書を作ってほしい場合、

「じゃ、とりあえず、この企画書、イイ感じで仕上げておいて。よろしく！」

と頼んでも意図どおりのものができるはずがありません。

「○月×日の△時までに、○○の内容を盛り込んだ企画書を○ページにまとめて私の机の上に置いておいてください」と、**明確に指示する**ようにします。

お客様に商品の特性を伝える場合は、口頭だけで説明するのではなく、企画書にしたり、図にしたりして、「見える化」するとさらに伝わりやすくなります。

また、複数の内容を口頭で伝えたい場合は、先に、

「用件は3つあります。1つ目は～」

と話していくと、相手の頭のなかでも整理できて伝わりやすくなります。

伝わっているか質問で確認していく

「正しく伝える」ためのもう1つの方法は、確認を取っていくことです。**伝えっぱなしにしない。一方方向ではなく、双方向のコミュニケーションを意識します。**

お客様や会議の場などでは、

「ここまでで何か質問はありませんか?」「途中で疑問点があれば、おっしゃってく

ださい」と説明の前や途中で確認を取っていきます。

部下に対しては、

「今説明したことを復唱してみてください」

と**復唱させると伝わっているかどうかがすぐにわかります。**

最近、気になるのは「メールの送りっぱなし」です。「メールを送った」＝「内容が伝わった」ではありません。メールをチェックしていない場合や通信上のトラブルなどでメールが未着の場合もあります。メールの内容について話をする場合は、

「今朝、メールをお送りいたしましたが、お目通しいただけましたでしょうか」

などのように、確認をしてから本題に入るようにします。

特に大事な内容のメールは、送っただけでは業務完了になりません。**見てもらえたかどうかまで確認してはじめて終わったことになります。**

「伝えた」＝「伝わった」ではない。相手に「伝わっているか」、確認を取る習慣をつける。

35 じっくり聞くから「聞き上手」ではない

「聞き上手」とはどのような人のことを言うのでしょうか。単に「相手の話をじっくりと聞く人」のことではありません。

特にビジネスにおける聞き上手とは、「いろいろな質問をしながら、相手が求めているものを自分自身で見つけられるよう、お手伝いのできる人のこと」だと私は思っています。

聞いて語らせ、語らせて聞く

ビジネス上の「聞く」場面で大切なのは、語ってくれるならば何でもいい、という姿勢で聞かないことです。積極的に舵《かじ》を取ります。

「聞く」パターンによって舵取りの仕方は異なります。

自分の主張をしながら、相手の意見も聞きたい場合なら、私は、相手に、

「～と思いますが、どう思われますか？」

と尋ねます。これは魔法のような言葉です。

「正論を主張すると運命が悪くなる」という考え方があります。正論は正しいのですが、正しいからこそ、強く主張されると、相手はうっとうしいと感じてしまうのです。

「私は絶対にこう思います」

「課長が言ったから、やったんです」

こう言われたら、相手は責められているような気持ちになってしまいます。

そこで、「～と思いますが、どう思われますか？」を使うのです。

「私はこう思いますが、○○先輩のご意見もお伺いできますでしょうか?」

「課長の指示でこのようにいたしましたが、差し支えありませんでしょうか?」

「○○さんが喜ぶと思ってやったことだったけど、機嫌を損ねてしまったみたい。何がいけなかったのかな?」

「あなたがそう考えたのはよくわかるし、賛同できる。○○について、どう判断をしたのかその理由を教えてくれない?」

後輩から相談を受けた場合は、相手の意向を聞いた上で自分の意見を述べます。

「あなたはどう思うの?」

と聞き、相手が答えたら、

「○○だから、私はこう思うよ」

と言います。

このときに重要なのは、**相手の目的を探り、しっかりつかむこと。**

目的がなければ、ただの雑談になってしまうからです。雑談も、相手の心を開く状況を作るのには役立ちますが、その場合は、きちんと本題に戻すのを忘れないようにします。どこに進むのかわからないまま、雑談で終わったら、相手にとっても時間の無駄になってしまうでしょう。

また、相手にただ同調するだけの、悩み相談室になってはいけません。

次の行動にまで落とし込んで話を終えることができれば、プラスの方向で話が終わります。新しい思考のもと、相手はリスタートを切ることができるのです。

「〜と思いますが、どう思いますか？」と尋ねて相手に語らせる。
問題を解決する糸口を発見するまで手伝うのが、
本当の「聞き上手」。

36 信頼が深まる「NO」の使い方

相手を喜ばせたい、あるいは嫌われたくないばかりに、叱《しか》ることができなかったり、何に対しても「いいよ、いいよ」と言ってしまう人は少なくありません。

日本人は和を重んじる国民性もあるのか、「いいえ（NO）、ダメだよ」というのが不得意な気がします。ですが、**「NO」を言うことで、物事を好転させ、人との絆を深めることができる**のです。

能力を引き出す「NO」

入社したての後輩に失敗はつきものです。人は失敗を重ねて成長するのですから、悪いことではありません。ただし、**失敗や間違いを正すために、相手の成長のために先輩としては、きちんと注意・指摘せねばなりません。**1つ例をあげます。

とても仕事のできる部下Aさん。今までにたくさんの評価を得て、社内でも認められています。そのAさんが企画書を作ってきました。

「企画書に目を通していただけませんか」ともってきたので、何人かの先輩が目を通しました。ほとんどの先輩は「いいね！」とほめましたが、ただ1人、B先輩だけは、ちょっと見ただけで「やり直し」と言って、企画書を本人に返しました。

Aさんは「どうしてだろう」と思いながらも作り直し、B先輩に再度提出しました。すると、また「やり直し」。ダメ出しは続き、ついに10回目、B先輩が口を開きました。

「今回の企画書と、1回目にもってきた企画書を比べてみてください。本来の君の能力は10回目に持ってきたものです。これだけの仕事ができるはずなのに、なぜ1回目のもので満足していたのですか？」

B先輩の狙いは、何度もダメ出しをし、Aさんのレベルを引き上げることでした。

B先輩は、「NO」を突きつけることによって、後輩の頭を引っ張ったのです。**意地悪ではなく、人を育てるための「NO」でした。**

後輩は、どの先輩よりもこのB先輩に信頼を置くようになりました。

なぜ「NO」が必要なのか。初めから完璧なものを作れる人はいないからです。私は本の原稿にしても、何度も手を入れることでブラッシュアップし、さらにいいものにしていきます。仕事では、妥協せずに、最高のものを作っていくべきです。

がっかりさせない真摯な「NO」

お客様との面談の場面で、はっきりと「NO」を言うことが、相手への配慮になることもあります。何でもかんでも「ハイ」ではなく、できないものはできないと伝える。これも大事な主張のあり方です。

たとえばお客様から「もっと安くしてよ」と頼まれたとき、値引きが難しいと、すでにわかっている場合には「ＮＯ」を言うべきです。

できないのに「一度もち帰らせてください。社内で相談してみます」と言ってもち帰り、**その結果、やっぱりできないのであれば、相手は二度もがっかりします。**相手に対して誠実とは言えません。

ここはきちんと「ＮＯ」を伝えます。

「**価格に関しましては、これ以上のお値引きはできかねます。**それでも、いただいたお客様のお声を率直に上司に伝え、返答をお出ししてもよろしいでしょうか。しかし、これまでにおいてはお値引きをした事例はございません。**大変申し訳ございませんが、ご要望にお応えできない場合はご理解いただけませんでしょうか**」

相手の気持ちに配慮しながら、真摯に「ＮＯ」と伝えれば、信頼も得られます。

「ＮＯ」を突きつけることによって、人は育つこともある。相手をがっかりさせないよう「ＮＯ」と言うときは、伝え方が重要。

37 「できません」を使わずに交渉する方法

前項で説明したように、使うべきときは「NO」を使うべきです。

ただし、**「できません」「無理です」という言葉は、仕事で安易に使わないようにします。**上司やお客様からの要望に対して「できません」とひと言で否定してしまっては、関係が悪くなりますし、お客様は離れていってしまうでしょう。

本当に「できない」ことであったとしても、質問話法を使ったり、理由を伝えていくことで、相手に不快感を与えないようにします。

「よいものを仕上げたい」と伝える

お客様や上司は、かなり無理なスケジュールで仕事の依頼をしてくることがあります。あなたのすべての仕事を把握しているわけではないからです。

お客様や上司のために「がんばるぞ！」と引き受けてもよいのですが、言葉を上手に使って次のように言ってはどうでしょう。

「大変申し訳ありません。しっかりとした内容のものを上げさせていただきたいので、もう少しお時間をいただけませんでしょうか」

社内の上司Aさんからの仕事依頼であれば、

「現状報告をしてよろしいでしょうか。実は、今、Bさんから○日までという納期の仕事を申しつかっています。そちらを先にやると、Aさんの仕事の納期はその3日後になってしまいますが、それでもよろしいでしょうか」

このように伝えれば、仕事の量や優先順位を上司と共有することができます。

場合によっては、上司が仕事をほかの部下に振り分けてくれるかもしれません。仕事の状況報告をすることは上司とのコミュニケーションを取る上で欠かせません。

語尾を肯定形に変えるとていねいに

言葉の語尾を少し変えるだけでも、人に与える印象は変わります。

たとえば、**「できません」は「できかねます」、「わかりません」は「わかりかねます」**に変えるだけでやわらかくなります。「お値引きはできません」と「お値引きはできかねます」では後者のほうがていねいに聞こえます。**語尾を肯定形に変えている**だけです。1つの事例をお伝えします。

名古屋のある百貨店には、フランスのブランド、ルイ・ヴィトンの扱いはありません。ですが1日に何人もの方が、インフォメーションに「ルイ・ヴィトンはどこですか」と聞きに来るそうです。インフォメーションの方は何と答えるか。

「お客様、当店はルイ・ヴィトン商品は**お取り扱いのない商品でございます**。道路を隔てて反対側にルイ・ヴィトン商品を扱っているお店がございます。そちらをご利用いただけませんでしょうか」

非常にていねいですから、聞いた人も「あっ、親切な人だな」と思ってこの百貨店を好きになります。

同じくこの百貨店は、13階までありますが、12階までしか行かないエレベーターがあります。そのエレベーターでは、次のようなアナウンスをします。

「お客様、このエレベーターは**12階止まりでございます**。13階までは、向かいのエスカレーターをご利用いただくか、階段をご利用いただけませんでしょうか」

決して「12階までしか行きません」という否定形の言葉は使いません。お客様に対してよりていねいに、やわらかくなる言葉を選んでいるのです。

仕事では「できません」「無理です」をできるだけ言わない。否定形の言葉も肯定形に変えれば、やわらかな印象になり、相手も受け入れやすくなる。

38 批判も「伝え方1つ」で絆を深められる

人とのつきあいのなかで、私が信条としているのは、**利他の心をもつことです。**お客様であっても、部下であっても、相手に「よくなってほしい」といつも思います。ですから、相手がどんなに偉い人であっても、怖い人であっても、言うべきことははっきり言います。**たとえ、キツイことを言ったとしても、相手を心から思っての発言ならば、最終的に人間関係は良好になるもの**です。

言いづらいことも勇気を出してみれば…

「この人、ちょっと苦手だな」と私が思った、あるお客様とのエピソードを紹介します。出逢った当時は、何万人と社員がいる大企業の支店長をされていました。

とても神経質できれい好きな方でしたが、半面、常に怒っているような厳しさをもつ方でもありました。

その支店長が勤める支店は、店内が必ずきれいになり、業績も上がると有名でした。でも、その支店長が他支店に異動するやいなや、たちまち業績が下がり、オフィスも乱雑になる。社員はその支店長が怖いから言うことを聞いているに過ぎなかったのです。

この支店長には、私も、お会いした初日から怒られました。でも、あるとき、意を決して、こうお話しさせていただきました。

「**言葉を選ばずにお伝えしてよろしいですか？**　実は、支店長とお会いするときは毎回、最寄り駅に着くと胃が痛くなるんです。怒られるのではないかと、緊張するからです。人好きな私でさえそうなのですから、部下の方々は、もっと緊張してカリカリしているはずです。これでは、○○支店長がいるうちは成果も出ますが、支店長がいなくなったらたちまち支店が変わると思います」

「やらないと怒られるからやる」のではなく、それが重要だからやる、と部下たちに教えるべきだと思ったのです。売上も同じです。厳しく叱る支店長がいなくなっても、売上の上がる支店でなければならないのです。

支店長は「よく言ってくれた」と喜んでくださいました。

ただし、このようにストレートに言っていい方と、遠回しに言ったほうがいい方がいます。ストレートに言っていいのは、社長や、これから社長になるような方。度量があり、自分が間違っていると思えば認めます。遠回しがいいのは、人事担当者やマネージャークラス。ストレートに言うと、ただ黙ってしまう人が多いからです。

相手との距離を近づける提案

繰り返しになりますが、伝えるときには、話し方に十分注意して、

「少し耳の痛いお話を、言葉を選ばずにお伝えしてもよろしいですか?」

「お伝えすべきだと思うことを、勇気を振り絞って申し上げてもよろしいですか?」

とクッション言葉を入れることを忘れないようにしましょう。意見は相手に伝わってこそ意義があるのです。

このような提言は、直接利益に結びつくことではないかもしれません。

ですが、**相手の要望どおりに応えるのは誰でもできます。それを超えた提案は、相手の状況を改善するためのプラスαの、心からのサービスです。**

心の込もったサービスができたとき、相手との心の距離がぐっと縮まるのです。

この支店長は、その後、私の名刺を拡大コピーして、「この人に会うように」とコメントをつけて、知っている支店すべてにファックスしてくださいました。

私が営業に行けるようにその支店のリストも作ってくれました。おかげで、その月、私はダントツの営業成績をあげることができたのです。この支店長は、仕事は引退されましたが、今でも親しくおつきあいさせていただいています。

要望以上の心の込もった提案は、相手との絆を深める。
ただし、伝えるときは必ずクッション言葉を入れる。

39 自分の意見をスルッと通すスゴワザ

いつも自分の意見を上手に通す人もいれば、残念ながらいつも却下されてしまう人もいます。

違いは何か？　前者は意見の内容が飛び抜けていいのでしょうか。後者は取るに足らない意見なのでしょうか。私は違うと思います。

意見が通るかどうかは、主張の仕方がカギを握ります。

どんなにいい意見であっても、主張の仕方を間違えると、相手は聞く耳を閉ざしてしまいがちです。コミュニケーションでは、どんな意見や主張をもっているか以上に、自己主張を「どのように行っているか」が重要です。

伝えるときに効く「ひと言」

自分の主張を通したいとき、相手に対して、**自分の意見を受け入れさせるための“下地”を作り、そこで自分の意見を述べるのが、賢いやり方**です。

たとえば、上司に意見を述べるとき、一方的に、圧迫するような言い方で、

「○○部長、お話があるんですけどぉ、ちょっと聞いてくださいよぉ」

と言えば、相手はムカッときて、声に出さなくても、

「何なんだよ、その言い方。それが上司に対する言い方か！」

と拒絶し、心を閉ざしてしまいます。これでは、どんな建設的な意見があったとしても、聞き入れてもらえません。話を聞いてもらいたいのであれば、

「○○部長、お忙しいところ恐れ入ります。今、お時間、少しよろしいですか」と聞きます。「あとにしてくれ」と言われたら、引かずに**「何時頃であれば、お時間が取れますか」**と踏み込みます。**自分の意見を伝えたいのですから、遠慮している場合で**

はありません。躊躇《ちゅうちょ》していては、後回しにされてしまいます。場の空気やタイミングを読み、相手の都合をまずは聞いて心を開かせる。同時に、自分の真剣さも伝えていくようにします。

実際に話を聞いてもらうときには、「○○の件に関しまして、△△のようにしたいという意見をもっています。**これで進めてもよろしいですか**」と自分の考えや意見を具体的にして**質問形式で結ぶようにします。**お伺いを立てることで、上司も嫌な気持ちはせずに、思わず「いいよ」と答えてくれるでしょう。

NOから入るか、YESから入るか

人の思考は「何で」タイプと、「どうすれば」タイプに分かれます。

前者は「目的の是非を問う人」で自己主張が苦手。後者は「手段・方法を問う人」で自己主張が上手な人です。

たとえば、帰りがけに上司に50枚のコピー取り10部を頼まれたとき、「何で」タイ

プは、すぐに、

「何で、俺がこんなことをやらなけきゃいけないんだ」と考え、「事前に言ってもらわないと困ります。ほかの人にお願いしてください」とできない理由を主張します。

「どうすれば」タイプは、

「どうすればコピーを早く取れるのだろう」と考え、「少しでも早くご用意したいので、ほかの人と手分けしてもよろしいでしょうか」と方法を主張します。

要は、思考が**NOから入る人か、YESから入る人かなのです。これで、2人の運命は変わります。**

賢い自己主張とは、主張が相手にちゃんと理解されること。主張の仕方を間違えると、通る意見も通りません。ぜひ**「どうすれば」タイプの思考をもつようにしましょう。**

自分の意見を相手に受け入れさせるための〝下地〟を作る。場の空気やタイミングを読み、相手の理解を得ていく。

40 「小さな混乱」が人間関係を深める

信頼関係をさらに深くすることのできる高度なテクニックをご紹介します。

相手に対して「えっ」と思わせることを言い、そのあとに会話をスムーズに進める方法です。

相手の興味を引きつける「小さな混乱」

たとえば、営業に行き、初対面で誰かとお会いするとき、私は自己ピーアールに加えて前述したようなネタ話をします。

「実は先日、ある人から『金魚とピラニア』の話についてお聞きしたんです。この話をしてもよろしいですか」

相手は、「何、ピラニア？　この人、突然何を言うんだろう？」と思います。

でも、こちらには「オチ」がはっきりあるのです。

「金魚を空輸するときに金魚だけをケースに入れた場合、到着後、ふたを開けると全滅していることが多かったそうです。

ところがそこに1匹のピラニアを入れると、全滅どころかほとんどが生きていたっていうんですね。なぜだと思いますか？」

いきなり振ると相手は「えっ」と驚いて、少し混乱します。ここで「もう1回説明してもいいですか」と言うと、**答えなくてはいけないので耳が立つわけです。**そうやって自分の話に集中してもらうのです。

インパクトを与えて「大きな納得」を得る

いつもお決まりのトークでは、おもしろくありません。**ひるまず遠慮せず、事例や**

体験談などを話します。「この人の話はおもしろいな、次はどんな話が来るんだろう」と思われれば、訪問を楽しみにしてくれます。**何の印象にも残らないようなトークをするのではなく、「何だかおもしろかった」とインパクトを与えるのです。**

とは言え、初対面の場合、あまりにネタの印象が強すぎると「この人、変わってる……」と思われかねません。だから、次のような言葉も添えておきます。

「初めてお逢いしたにもかかわらず、こんなお話をするのも失礼かと思いましたが、非常に学び多き内容なので、1つの事例としてお話しさせていただきました」

着地点が明確な話をする

ところで、先述のピラニアの答えは何だと思いますか?

答えは「緊張感と危機感」です。この事例のあと、教育の話につなげます。

「組織にたとえると、金魚ばかりの集団は仲良しグループですから、気がついたら崩壊してしまいます。でもそこに1匹のピラニア、厳しいリーダーがいると、活性化され、緊張感があるからなれあいにもならず、業績も高いのです。ぬるま湯にどっぷり浸かっているところに成長はありません。そこを変えていくのはやはりトップの方の意識です」

と話し、**興味を湧《わ》かせて、自分のペースにしていきます。**

相手は、なぜその話をしたか納得してくれるでしょう。

こうした話は、着地点が明確だからこそ話せる事例です。聞いただけ、見ただけの話を興味本位ですると「何が言いたいの？」と思われてしまいます。相手も貴重な時間を割いて会ってくださっているのです。相手が「得したな」と思う事例を話すように心がけましょう。

「オチ」のある話で相手の興味を引きつけて
インパクトのあるトークを展開し、会話をスムーズに進める。

41 トラブルは「事実」と「感情」を分けて対応

仕事にトラブルはつきものです。

トラブルが起きたときの対応の仕方1つで、次の仕事につながるか、仕事を失うかが決まる場合があります。社内でのあなたの評価をも左右するでしょう。

たとえば、次のような事例があります。

「事実」と「感情」をごちゃまぜにしない

あるプロジェクトを先輩のAさんが担当していましたが、Aさんが急病で休んだため、後輩社員のBさんが代わりにお客様のところに行くことになりました。Aさんの仕事が遅れていたため、Bさんは担当者からいきなり叱られました。その場で謝ってお客様の会社を出ましたが、帰りの電車のなかで、「何で、俺が怒られなきゃいけないんだ」とずっと気持ちが落ち着きませんでした。

このような場合は、まず**起こっている事実と感情を分けて考えます**。会社で仕事をしている以上、前任者のミスであろうと、お客様には関係ありません。自分としては、納得できない理不尽な場合でも、いくら腹が立ったとしても、Bさんがその場で頭を下げるのは当然のことです。まずすべきことは、お客様の怒りの感情をおさえることです。

そして、**お客様の感情がおさまったならば、起こっている事実に対して、すぐに、できる限りの対応をします**。自分で対応できなければ、上司に電話するなどして対処方法の指示を仰ぎます。

お客様に対しては**常に誠実に対応する**。**これがプロ意識**です。誠実さによって、**初めてお客様との信頼関係が生まれます**。

相手を尊重しつつ〝気持ち〟を後処理

同時に、無責任な仕事をした社内の人に対しては、上司であろうと、先輩であろうと、きちんと**〝気持ちの報告〟**をします。同時に**〝事実の報告〟**もします。

ビジネスで大切なのは、お客様であり、会社の利益を守ることです。

ただし、そのときに、

「A先輩のおかげで私がさんざん怒られて、大変な思いをしたんですよ」

とストレートに言ってはいけません。

相手を不快にさせ、「お前に尻拭いなんて頼んでないよ」と売り言葉に買い言葉が飛び出し、ケンカになる恐れがあるからです。

A先輩が出社したら、次のように話すのがいいでしょう。

「**率直にお伝えしてよろしいですか。**実は昨日、お客様からクレームがありまして、その対応を私がA先輩に代わって担当させていただきました。正直に言ってしんどかったのですが、上司の○○さんにも力をいただき、最終的にはお客様の怒りの感情も落ち着き、納期どおりに仕事を実施できそうです」

こんな報告を受けた先輩はどう反応するか。

「それはすまなかった。上手く対応してくれてありがとう。私からもお客様に連絡して謝っておくよ」

となるはずです。言葉の選び方1つで、先輩は過ちに気づき、先輩後輩の関係も崩れることはありません。社内外に対して、このような対応ができれば、あなたの評価も上がるはずです。

トラブルではお客様の気持ちに共感を示し、〝事実〟に対して誠実な対応をし、お客様からの依頼をできる限り遂行。腑《ふ》に落ちない〝気持ち〟は、言葉を選んで報告する。

42 ペコペコ頭下げは損！お礼はきっちり2度する

いつも正々堂々と振る舞う。好かれるビジネスパーソンの共通点です。

お客様や先輩に**いつもペコペコ頭を下げて、媚《こ》びたりしている人に、「責任のある仕事を任せたい」「親しくなりたい」とは思わない**ものです。ペコペコと頭を下げていると、どこかワキが甘いという印象を与えてしまいます。

「2度のお礼」が効く！

若手のビジネスパーソンは、会社に入れば、目上の人が多く、教えてもらったり、ご馳走してもらったり、力を貸してもらうことが多いため、ペコペコ頭を下げてしまいがちです。ですが、ペコペコ頭を下げるのは、あまりいい印象を残しません。

お礼を言うときには、きちんと相手の顔を見て心を込めて、

「ありがとうございます」

と伝えましょう。

そして、ご馳走になったときや贈り物をいただいたときは、**2度お礼を言う習慣をつけましょう**。その場で、

「ご馳走様でした」

と伝え、翌朝に会ったときも、2度目として、

「○○さん、昨日はご馳走様でした。ありがとうございます」

とお礼を言います。

2度言うのは、ご馳走してもらうことが当たり前ではないからです。

感謝の言葉「ありがとう」の反対語を知っていますか？

「当たり前」です。ご馳走されて当然と思ってしまうと、たとえ悪気はなくても、お礼を忘れるものなのです。

いただきものが届いたら電話で即お礼

いただきものが届いたときは、受け取ってすぐに、

「結構なものをいただきまして、ありがとうございます」

と電話をするのが常識です。送った側はちゃんと届いたかどうか、喜んでくれているかどうか、気になっているからです。もし、不在だった場合には、

「お心遣いをいただきありがとうございます。○○様にそうお伝えください」

と伝言を残すようにします。届いていることが相手にわかります。

電話をし忘れてしまうと、相手が心配して電話をかけてきます。

「配送のトラブルか、何かあったかと思いまして」

「あ、ごめんなさい。届いていました。ありがとうございました」

となってしまいます。いただきものをしたら、「ごめんなさい」ではなく、やはり心からの「ありがとうございます」を先に伝えたいものです。

どんな小さな贈りものでも、いただいたら、即お礼の電話をしましょう。

「電話」＋「手紙」のW《ダブル》お礼が相手を感動させる

その後、手紙でお礼を書きます。そこには単なる、「お心遣いありがとうございました。嬉しかったです」だけでなく、「いただいたら、とても甘くておいしかったです」など喜びの感情を素直に表現し心を込めます。２度のお礼を言える人はとても少数派。ましてや今はメールだけでお礼を済ませてしまいがちです。だから、ていねいに**「電話＋手紙」**の２度のお礼をすると、必ず相手に好印象を残すことができます。

ご馳走になったときは「その場」でと「翌日」にお礼を言う。
いただきものをしたら「電話」と「手紙」でお礼の気持ちを伝える。

43 心から伝える「ありがとう」は周囲を幸せにする

人を嬉しくさせる言葉、心を温める言葉、それは「ありがとう」です。

人とのコミュニケーションにおいて、口グセにしたいほど大切な言葉です。

何か贈り物をもらったときだけでなく、いろいろな場面で「ありがとう」「ありがとうございます」と感謝を伝えるようにしましょう。謙虚に心からの「ありがとう」が言える人は誰からも好かれるようになります。

「ありがとう」には未知の力がある

上司から怒られたとき、

「言いにくいことを言っていただいてありがとうございます」

耳の痛いことは、あなたを育てるのですから、感謝に値します。

上司は、「ちょっと言い過ぎたかな」と思うかもしれませんが……。

後輩には、

「いつも一生懸命仕事に取り組んでくれてありがとう」

同僚や友人がサポートしてくれたら、

「気遣ってくれてありがとう」

もちろん、お客様にも、

「いつもお世話になりありがとうございます」

家族には、

「いつも支えてくれてありがとう」


いろいろな場面で「ありがとう」を伝えましょう。

私の「ありがとう」習慣の1つは、タクシーを降りたときです。

必ず運転手さんに「ありがとうございました」「お気をつけて」と言っています。

以前タクシーに乗って、「帝国ホテルタワーまでお願いします」と伝えたところ、運転手さんから「実は今日がタクシーデビューで道がわかりません。道順を教えていただけますか？」と言われました。

内心「帝国ホテルも知らないのかな？」と思いましたが、ナビゲートして、無事目的地に着きました。私はいつものように、

「ありがとうございました。お気をつけて。これからがんばってくださいね」

と伝えました。

3年後、偶然同じ運転手さんのタクシーに乗りました。私のことを覚えてくださっていて、

「僕は3年前にもお客さんを乗せているんです。ご迷惑をお掛けしたのに降りるとき

に『ありがとうございました。これからがんばってください』と声を掛けてくださった。あのひと言で僕は3年間がんばれたんです。お陰で、この仕事を続けることができました。ありがとうございました』

とおっしゃるんです。私は嬉しくて、泣きそうになりました。

「ありがとう」は人間関係で大きな力を発揮します。「ありがとう」を口にすることで**お金に換算することのできない喜びを与えることができる**のです。

ぜひ意識して言うようにしましょう。知っている人だけじゃなく、コンビニのレジの店員さんに、たまたま入った食堂のおばさんに、心から「ありがとう」を。

謙虚に心からの「ありがとう」が言える人は誰からも好かれる。知らない人にも「ありがとう」を伝えることを習慣化しよう。

44 会話がメキメキ上達する「朝倉式トレーニング」

「人と話すのが苦手」という方に伝えたい1つの特訓法があります。

その名も**「朝倉式度胸アップトレーニング法」**です。

私が代表を務める会社「新規開拓」で上司が新入社員に対して取り入れた方法の1つです。やり方はカンタン。**町に出て「50人の見知らぬ人に道を尋ねる」**だけ。誰でも度胸がつきます。年配の方でも若い方でもいい。道行く知らない人の足を止めて、「恐れ入りますが、◯◯はどう行けばよろしいでしょうか?」と道を聞いていくだけです。本気で挑めば怖くない。ぜひ行動を!

最初は上手く声を掛けられなかったり、言葉が出てこなかった新入社員でも、50人に聞き終わる頃には、かなり度胸がついて、言葉もなめらかに出るようになります。

1分間スピーチを上手に制覇するコツ

会話力を上げるコツはとにかく場数を踏むことです。間違えたり、失敗したら、少しずつ直して、上手になっていけばいいのです。**努力は人を裏切りません。**

朝礼や社内のミーティングなどでの1分間スピーチは絶好の練習の場となります。積極的にスピーチをして、少しずつ人前で話すことに慣れていきましょう。

1分間スピーチを制するには、まず原稿を作ることから始めます。**紙に書き出して、それを声に出して何度も読みます。**時計を見ながら1分間に収まるようにします。練習しないでいきなり上手にスピーチをするのは難しいものです。

原稿を作るときには、「何を伝えたいのか」をまず決めます。

事例を披露したいのか、実体験を伝えたいのか、自分の思いを伝えたいのか。メッセージの一番のポイントをきちんと押さえます。

文章の組み立て方としては、

「実はとても嬉しい出来事があり、みなさんと共有したいと思って、今日は1分間スピーチのなかでお話しさせていただきます」

「私が学んだもののなかで、ぜひ、今回みなさんにお伝えしたいことがあります」

などのように、**最初に何を伝えたいのかを明確にします。**

すると「どんなことを話すんだろう」と聞く人は興味をもってくれます。

そして、本題に入っていきます。

態度だけは堂々と

人前で話すときのポイントは、**たとえ自信がなくても態度だけは堂々とする**ことです。緊張すると、瞬きの回数が多くなりますから、意識しておさえるようにします。

自分の緊張をおさえるためにも、最初はゆっくりと話します。また聞き取りやすいように大きな声で明るく話すことも大切。どんなにすばらしいスピーチでも、声が小さくて言語が不明瞭《ふめいりょう》だったら何を言っているかサッパリわかりません。

スピーチの際の目配せとしては、目の前の人ばかり見るのではなく、胸を張って背筋を伸ばして堂々と全員を見るようにします。

限られた時間内に話す訓練として、携帯電話の留守番電話への吹き込みも有効です。

「ピーという発信音の後に、20秒以内でお名前、ご用件をお話しください」というアナウンスの後に、しっかり用件を吹き込んでいきます。

留守電になると切ってしまう人もいますが、練習だと思って、挑戦してみましょう。

苦手なことというのは、場数を踏むうちに力をつけて得意になっていくものです。

会話力を強化するには場数を踏むこと。
スピーチは堂々とした態度で話すことが肝心。

45 100%面接で受かる人の「声の出し方」

学生時代までは頭に情報をインプットすることが大切な仕事でした。勉強をして知識を吸収しさえすれば、いい成績が取れたのです。

社会人になるとインプット力だけで生き抜くことはできません。アウトプット力こそが問われます。アウトプット力とは何か。

自分自身を上手く伝えたり、演出したりする力のことです。

具体的には、表情、姿勢、態度、目線、話し方、声のトーン、間の取り方、身だしなみなどです。

ビジネスの場で、人から「あっ、この人いいな」「一緒に仕事がしたいな」と思われる人は、伝え方や表現の仕方が上手なのです。

人は声の出し方、トーンで印象を判断する

今、日本の上場企業は約４０００社弱。その狭き門に、毎年数万人もの大学生が、内定を求めて面接を受けます。

一流と言われる大学に入っていながら、まったく内定がもらえない人がいれば、無名な大学の出身であっても、10社受けて10社とも内定をもらう人もいます。

企業は、学力だけで人を見ていないということです。

企業（＝面接官）は、面接室に入ってきたときの学生の印象や、表情、姿勢、態度など、つまり「この学生は、社会人になったときに上手くアウトプットができるか」という点に重点を置いて、採用の判断をしているのです。

特に声の出し方は大切です。**人は、第一声の出し方や声の**

強弱、明るさ、トーンなどから、「一緒にいて心地いいだろうか、感じがいいだろうか」を判断しているからです。

魅力的な人の話し方

面接のとき、質問に対して、小声でぼそぼそと何を言っているのかわかりにくい人と、声の大きい人とでは、どちらに好印象をもつでしょうか。当然、後者です。

大きな声で、ハキハキと明るく元気に話せる人は魅力的に映ります。

10人中10人は、明るくて声が聞き取りやすく、元気な声の人にパワーを感じます。できるだけ大きな声で話す習慣を身に付けましょう。

声の大きい人は、ボリュームを下げたり、調整ができます。ただ元気なだけで場に合っていなければ周囲を不快にさせることもあります。加減に気をつけて、TPOに合わせた発声をしましょう。

滑舌《かつぜつ》よくなめらかに話すことも大切です。前ページのイラストの表を参考に、最初

滑舌をよくする
練習をしましょう!
アイウエオ
イウエオア
ウエオアイ
エオアイウ
オアイウエ
アイウエオ
ア・イ・ウ・
エ・オ

は1文字ずつ区切って、だんだん早く言うようにしてみましょう。
また早口言葉も滑舌を鍛える練習になります。

人は声の強弱、明るさ、トーンをとおして、心地いいか悪いかを判断している。日頃からTPOにあった様々な声を出せるよう練習をしておこう。

46 知っていると差がつく「おもてなし言葉」

人を上手に誘導したいときに、非常に役立つのが「接遇話法」です。

接客やおもてなしのときによく使う言葉です。

接遇話法を使うと、伝わり方がソフトになり、相手を怒らせることなく動かせます。同時に相手の理解度も高まります。知っていると、ぐっと差がつきますよ。

接遇話法①　「命令形」を「依頼形」に変えて相手を動かす

タバコを吸ってはいけない場所で喫煙している人がいるとします。

「お客様、恐れ入ります。こちらは禁煙席でございます。**おタバコはあちらの灰皿のあるお席をお使いいただけませんでしょうか？**」

と依頼形で伝えれば、スムーズに「あっ、すみません」と動いてくれます。

ですが、

「お客様、こちらは禁煙席でございます。**おタバコはあちらの灰皿のある席をご利用ください**」

と言ってしまうと、相手はカチンときます。命令形になっているからです。

命令形を依頼形に変えると、人はスッと動きます。

先輩に何かを教えてほしいときは、

「先輩、そんなこと言わずに教えてくださいよ」ではなく、

「先輩、ぜひともアドバイスをいただけませんか」と言えば、親切に教えてくれます。相手を巻き込み、相手の知恵を自分のものとして活用できる言葉です。

依頼形を使うときは、声のトーンもゆっくりと明るくし、感情移入して話します。

接遇話法②　漢語を和語に変えてソフトな印象に

2つ目のポイントは、漢語ではなく和語にすること。

「確認してください」⇓「お確かめください」
「利用してください」⇓「お使いください」
「乗車してください」⇓「お乗りください」

後者のほうが、やわらかくなります。私たちの耳は、ひらがなで聞いて脳のなかで漢字に変換しています。**漢字の少ない和語のほうが、スッと頭に入ってくる**のです。

また、漢語については、「こうえん」「じしん」など、いくつもの漢字が思い浮かぶ漢語を使う際に、注意が必要です。

「こうえんが好きです」と言った場合に、「公園」を思い浮かべる人もいれば、「講演」を想像する人もいます。このような場合には、「緑の多い公園が好きです」と言ったり、「〝パーク〟のほうの公園です」と付け足したり、肉付けが必要になります。

接遇話法③　語尾を肯定形に変えてていねいに

３つ目のポイントは、語尾を否定形でなく肯定形にすることです。

「できません」⇓「できかねます」（Ｐ１８４で詳しく触れていますのでご参照ください）

否定形よりもていねいな印象になります。

接遇話法の基本は、子どもでも理解できるようなわかりやすい表現でやさしい言い回しを心がけることです。よりいっそうお客様や相手に好印象を与え、意見も通りやすくなります。

接遇話法を使うと相手を気持ちよく動かすことができる。感情移入して話せば、さらに効果がアップ！

人を動かす接遇話法
①命令形を依頼形に変える
〜してください
〜していただけませんか?
②漢語を和語に変える
利用してください
お使いください
③否定形を肯定形に変える
できません
できかねます
体が勝手に…

47 「ちゃんと聞いている」姿勢を「リピート話法」でアピール

お客様にわかりやすく話をする話術の1つに「リピート話法」があります。

お客様が言った言葉をそのままリピートして、話を「ちゃんと聞いている」ことをアピールすると同時に、内容の確認もできます。

基本は相手と同じ表現で

たとえば、喫茶店でお客様が「**お水、ください**」と言ったら、

「お水でございますね。すぐにおもちいたします」とそのままリピートします。

「お手洗いはどこですか?」

「お手洗いでございますね。ご案内させていただきます」

こう言われると気持ちがいいものです。

ところが、「お水をください」と言ったのに、

「チェイサーでございますね」

と言われたらどうでしょう。気分を害します。

リピートするときには、お客様が言った言葉と同じ表現を使うのが基本です。

しかも、チェイサーは強いお酒を飲むときに添える水のことで、どちらかといえば専門用語。あまり一般的とは言えません。中には、「えっ？　何を言ってるのかしら」と思うお客様もいるでしょう。仲間うちだったらまだしも、**お客様に対しては、一般的でない専門用語は使わないようにします。**

難しい外来語やカタカナ言葉、英語をたくさん混ぜるのも相手に対して、親切とは言えません。**わかりやすい言葉でキャッチボールしてこそ、スムーズなコミュニケーションが築かれていきます**。トップに上りつめていく人は、話をよくかみ砕いて、どんな人にもわかりやすい話をするものです。

方言を使っていいとき、悪いとき

同郷の人との方言による会話は、親近感が湧きます。会話もスムーズになります。私は大阪の出身なので、同郷の友人と話すときはコテコテの関西弁です。ただし、仕事の席では使いません。打ち解けたお客様との面談で、ごくまれに事例の紹介をする際、大阪弁を話すと、「えっ、朝倉さん、関西の出身だったの?」と驚かれます。**方言を使うと、なれあいになる可能性が高いため、仕事の席では極力使わないよう**にしているのです。特に金銭に関するときは必ず標準語で話します。

例外もあります。大阪出身で、標準語をしゃべろうとすると、感情移入がまったくできない部下がいました。**感情のない言葉で人を動かすことはできません。**営業も当然上手くいきませんでした。彼には、「大阪弁でしゃべりなさい」と伝えました。

「僕、大阪からちょっと前に出てきまして、東京で一旗あげたいんですわ。めっちゃ

やる気のある営業マンですから、1回おうてくれまへんか」

こう話すとやはりインパクトがある。標準語だと、感情のない、能面のような話し方になってしまうのであれば、慣れるまでは、方言が入ってもいいと思います。ただし、繰り返しますが、くれぐれもなれあいにならないように気をつけましょう。

お客様は大切な存在だからこそ、長くつきあっていきたいものです。「親しき仲にも礼儀あり」と言います。親しくつきあっていきたいからこそ、礼儀礼節をわきまえるべきなのです。

リピートするときには、お客様が言った言葉と同じ表現を使う。
方言はビジネスでは基本的には使わない。
使う場合はなれあいにならないように注意する。

48 どんな人も味方につけて運命をよくする伝え方

宿命と運命の違い、わかりますか？

宿命は「宿る命」と書きます。だから、変えられません。ですが、**運命は「運ぶ命」と書く。だから、動き、変えられる**と思います。自分の人生は自分もち。運命も自分で切り開けるのです。すべては自分次第ということです。

依存型なのか、自立型なのか、他人のせいにするのか、自己責任で動くのかによって、自分の運命はいかようにも動きます。

いつも不平不満ばかり言っている人で成功した人は1人もいません。

会社のせい、上司のせい、社会のせい、商品のせい……。上手くいかないことを第3者的な要因のせいにしていると、いつまでたっても自分の運命はよくなりません。「人のせいにしている」＝「全部依存している」ということです。依存型の人は、自分の命、つまり運命も人任せにしているのと同じです。

人生は、自分で判断し、自分で決めて、実行し、最終的にそれらを自分の人生の1つのプロセスとして堪能《たんのう》し、楽しみながら夢を叶《かな》えていくものです。

夢の実現を加速させるには

自分の思うように運命を動かしたいとき、不可欠なのが「良好な人間関係」です。「人間関係を良好に築けない」＝「敵を作る、相手に嫌われる、仲間が作れない」ということです。周りに敵を作ったり嫌われたりすると、いざというときに、助けてもらえないだけでなく、邪魔されることもあるかもしれません。そうなると、自分の意図した方向に行けなくなったり、行けたとしても時間がかかってしまいます。

逆に、自分のやりたいことが明確になったとき、賛同者がいっぱい集まってくれたらどうなるでしょう。間違いなく追い風になってくれます。後押ししてくれることで、夢の実現のスピードが早まるのです。

人生では、自分が掲げている目標を、運命共同体のように応援してくれる味方は、多いほうがいいのです。味方を増やすために、自分自身が人間力を身に付けて、ファンになってくれる人をたくさん作ることです。

あなたの周りを見回して、徳のある人、好かれる人を分析してみてください。ふさわしい言動、振る舞いをしています。逆に敵を作りがちな人を分析してみてください。やはり、周囲を敵にするような言動、振る舞いをしているはずです。

どうしても協力してほしいときは

自分の夢が決まり、周囲の人に協力を得たいのなら、真剣に、

「○○さん、私、どうしても叶えたい目標があるんです。○○さんのお力をぜひともお貸しいただけませんか」

「ぜひとも今回自分が掲げた目標に関してアドバイスをいただけませんか」

と心から伝えることです。ポイントは依頼形でお願いすることです。

「俺、金持ちになりたいんです。絶対に成功したいんです。力を貸してください」

では、命令形ですし、あまりにも自分本位の言い方になりますね。

伝え方1つで、あなたの運命が変わることもあります。大切な話をするときは、特に真剣勝負で、伝え方にこだわりましょう。

人間関係が良好になると運命もよくなる。夢実現のため協力を得たいなら真剣に依頼する。

49 「YES」と言わせる魔法の話術

「YES」はお互いが気持ちよく、会話を進めていくためのキーワードです。
「NO」と言われて拒否や否定をされると、引いてしまいます。
ここではどうすれば、「YES」を引き出せるか、ご紹介していきます。

「YES」を言わせる交渉上手の言い回し

お客様と面談の日程を決めるとき、1日だけしか、自分の日程が取れないとします。あなたなら、どうやって相手に伝えますか。

「私、9月27日しか空いてないんです。この日でお願いします！」

と自分本位全開で言われたら、相手は決してスケジュールを調整したいとは思わないはずです。

「次の面談の日程について、できれば、私は9月27日にしていただけるとありがたいのですが、○○さんのご都合はいかがですか？」

と聞かれたら、思わず「あー、いいよ」と言ってしまいます。

内容はまったく同じでも、ほんのわずかの気遣い、言い回しで得られる回答は違ってくるのです。要は「！（感嘆文）」と「？（疑問文）」の違いです。

何かをお願いするときは、「？（疑問文）」を意識して使いましょう。

たとえば、何を食べに行くか、相手と決めるときにはどう話しかけたらいいでしょう。自分は焼肉が好きで、それを食べに行きたいという自己主張をする場面です。

A「私ね、今日は焼肉が食べたいの！　いいでしょ!?　焼肉、焼肉！」
B「○○さん、私今日すっごく焼肉が食べたいの。○○さんは何が食べたい？」

Aさんは、自己主張が意気込んでいて感嘆符付き。焼肉が好き、私には焼肉を選ぶ理由がある、ほかの食事とは違う、絶対行くべき！という気持ちから、しつこい自己主張になっています。これでは、相手は引いてしまいます。

Bさんは、主張の方法を変えたパターン。疑問符をつけながらも、自分が食べたいものをいつのまにか相手にOKさせてしまう交渉上手な言い方です。

「アゴ引きトーク」＋「敬い目線」

「YES」をもらいたいときは、話をするときの態度、姿勢にも気を配りましょう。椅子の背もたれにもたれかかったまま話をすると、アゴが上がります。アゴが上がったまま話をすると、横柄に見えます。自分で鏡を見て確認してみてください。

私お寿司が食べたいの
あなたは？
お寿司イイネ
決まり！
必殺アゴ引きトーク！
ドキンッ

この**「アゴ上げトーク」は、相手に不快な印象を与えます。**

特にお客様や目上の人、上司に対して、あるいは会議中に取るべき態度ではありませんので、気をつけるようにしましょう。

逆に、アゴを引いて、見上げるような敬い目線で相手を見て話す、**「アゴ引きトーク」は、相手の目に謙虚に映ります。**

女性が男性に何かお願いをするときに、自然と「アゴ引きトーク」になるのをよく見かけますよね。

お願いごとをするときは、「！（感嘆文）」ではなく、「？（疑問文）」で、アゴを引いて話すと、「ＹＥＳ」をもらいやすい。

50 女性は「かわいい」、男性は「かっこいい」

人が言われて嬉しいフレーズは、男女で異なります。

女性の場合、ダントツ1位が「かわいい」です。年齢に関係ありません。若い人はもちろんですが、歳を重ねたおばあちゃんであっても、「かわいいですね」と言われて嫌な顔をする人は1人もいません。

男性の場合は、「かっこいい」です。

男性心理で、「男はかっこよくあらねばならない」「男は強くあらねばならない」と思う傾向があるからです。「かっこいいですね」と言われると、素直に喜びます。

かと言って、コミュニケーションにおいて、過度なおべんちゃらは必要ありません。

「すてきだな」と思ったら、思ったとおりに「すてきですね」と言えばいいのです。

大切なのは、感情移入をすること。感情移入のないほめ言葉は、何も伝わりません。

洋服だけでなく、着ている人を一緒にほめる

人をほめるときに大切なポイントは、その人自身をほめることです。

たとえば、

「そのネクタイの色、すてきですね」

と言ったらネクタイをほめていることになります。ですが、

「ネクタイの色味、とっても○○さんにお似合いですね」

「ネクタイと今日のスーツ、抜群に合っていますね」

と言えば、その人自身やその人のセンスをほめていることになります。

女性なら、

「イヤリング、すてきですね」

ではなく、

「今日のファッションに合わせてイヤリングをお選びになられているんですね。すごく似合っています。ちょっと写真撮っていいですか？」

と言われたほうが嬉しい。ほめ上手は、ちゃんとその人自身をほめます。

人づてにほめられると喜びは倍増する！

後輩の成し遂げたことをほめる、という場面もあります。

私の場合は、大勢の前でほめるときもあれば、個別でほめるときもあります。事柄や相手のタイプに応じて使い分けています。

私がこれまでで「ほめられて嬉しかった」事例をお話しします。

以前勤めていた会社で当時の上司、我満一成（現・新規開拓副社長）にほめられたのは、入社して最初の２ヶ月間ぐらいでした。２ヶ月後に自分がリーダーになり、２人の部下をもたされた瞬間からは、人前でガンガン怒られるだけで、まったくほめられませんでした。

ところが、普段、滅多に会えない社長が来たときに、私が「社長、おはようございます」と挨拶すると「おお、朝倉君だね。我満君がいつも会議の席で君をほめてるよ」と言ってくれたのです。私の前ではほとんどほめてくれない上司が、私のいない場所でしっかりほめてくれている。**第3者を介してのほめ言葉は、直接のほめ言葉より数倍嬉しかった**ものです。

ほめられると人はやる気が出ます。部下ができたのなら、上手にほめてください。

自分がほめたいところを感情移入してほめると相手の心に響く。
人づてにほめるとほめられた人は余計に喜ぶもの。

おわりに

本書を最後までお読みいただきありがとうございました。

コミュニケーションの基本を「関わる力」「聞く力」「伝える力」の3つに分けてお伝えしましたが、いかがでしたか？

ビジネスもプライベートも同様ですが、失敗を恐れないで、チャレンジしてほしいと思います。チャレンジの数だけ、学びがあるのですから。

失敗は必ず経験につながってきます。まさに「やらない後悔」より「やった経験」が大切です。

人生においては、失敗も成功もする人と、失敗も成功もできない人がいます。失敗を恐れてチャレンジしなかったら失敗はないのですが、当然、成功もありません。

実は、成功の反対は失敗ではないのです。成功の反対は「諦め」です。チャレンジすることで、実は、上手くいかないときに「どうしたらいいのか」を学んでいるのです。まさに、失敗の数だけ経験も積めるのです。だからこそ、失敗を恐れないでチャレンジし続けてほしいです。

「若いときの苦労は買ってでもしろ！」と言われるように、若いときは無理がききます。そしてそのときの経験や体験は後々の人生に必ず生きてきます。若いときに楽を覚えたら、必ずあとでしんどい思いをします。

この本を読んでださった、未来を担う若い世代の方々に特に望むのは、経験を活かしながら、「次へ、次へ」と進んでいただきたいということです。もし、失敗することがあっても、「次はできる」と自分を信じて、あきらめないこと。やり続けることが、唯一の成功する方法なのです。

失敗も立派な経験です。数多くの失敗を繰り返していく過程で、人の痛みを知ったり、自分自身が傷ついたりします。しかし、その経験を重ねることで、自分の器が広がり、人間力が深まっていくのです。本来能力には大差はないのです。どんな学びをしたかで人間力が違ってきます。

今回、この本を出版するにあたり、多くの方のお力添えをいただきました。

フォレスト出版株式会社　代表取締役　太田宏様、編集部　杉浦彩乃様、ライターの小川真理子様。

すべてのはじまりは、「この1冊で未来を担う若い世代に力を、読み継がれる本を作りたい」という熱い思いの共鳴からでした。

そして、その思いの共鳴が形になりました。とても嬉しいです。ありがとうございました。この熱い思いが必ずや未来を担う若い世代に連鎖します。

本書はぜひ繰り返し読んでほしいと思います。読んだあとは、必ず行動してください。チャレンジしてみてください。行動を起こさなければ、何も身に付きません。

試した人だけが、実力をつけていきます。行動したのならば、「やったことによってこんな結果が出るんだ」ということを実感し、昨日と違う、成長した自分を見つけてください。昨日の延長線上ではなく、昨日と違う自分がそこにいるはずです。

どんどん繰り返し試していけば、必ず明るい未来になります。そして、なりたい自分に絶対になれるのです。あきらめない限り……。あなたの成長をいつも応援し続けています。

最後に、小林尚子をはじめ、いつも私の側で支えてくれる社員に感謝します。「支えられて生きているということを忘れてはならない……」

これが父の教えです。

改めて、本書を最後までお読みくださり、ありがとうございました。

朝倉千恵子　拝

〈著者プロフィール〉
朝倉千恵子（あさくら　ちえこ）
社員教育コンサルタント
株式会社新規開拓　代表取締役社長
小学校教員、証券ファイナンス会社を経て35歳のとき、まったく異業種である民間の社員教育機関へ入社。礼儀、挨拶を徹底した営業スタイルで未経験から3年後にトップセールス・パーソンに。そのノウハウを広く啓蒙するために2001年に独立。
現在、株式会社新規開拓の代表取締役社長として「トップセールスを育てる」理念のもと全国各地にて講演活動を展開。経営者セミナーや、業界問わず日本の大手企業など管理職、セールスパーソンの教育研修を手掛け、毎年7000人以上をトップビジネスマンに育てるなど、そのリピート率は9割を誇る。
また、女性限定の塾「トップセールスレディ育成塾」を主催。卒業生は1630名を超える。

『信頼関係の作り方』（フォレスト出版）、『自らを極める営業力』（日刊工業新聞社）、『初対面の1分間で相手をその気にさせる実践ノート』（日本実業出版社）、『すごい仕事力』（致知出版社）、『不思議と説得力のある「セールストーク」の秘密』（こう書房）など著書多数。

株式会社新規開拓ホームページ
http://www.shinkikaitaku.jp/

『情熱』社長の一日一分ビジネスパワーブログ
http://ameblo.jp/shinkikaitaku-asakura

装丁／重原隆
本文デザイン／松好邦名（matt's works）
イラスト／村山宇希（ぽるか）
DTP／山口良二
編集協力／小川真理子（クロロス）

コミュニケーションの教科書

2013年11月22日　　初版発行

著　者　朝倉千恵子
発行者　太田　宏
発行所　フォレスト出版株式会社
〒162-0824 東京都新宿区揚場町2-18　白宝ビル5F
電話　03-5229-5750（営業）
　　　03-5229-5757（編集）
URL　http://www.forestpub.co.jp

印刷・製本　日経印刷株式会社

ISBN978-4-89451-588-8　Printed in Japan